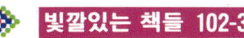
빛깔있는 책들 102-34

북한산성

글, 사진 / 조면구

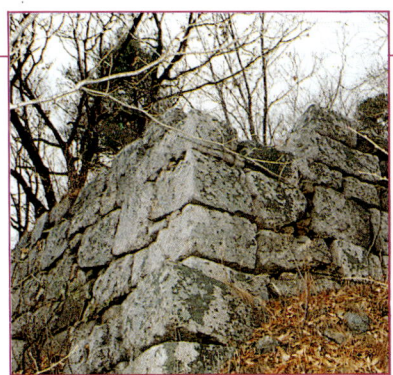

대원사

조면구 ―――――――
1952년 충남 아산군 도고면에서 출생
했다. 한국 산서회, 한국 땅이름학회,
한국문화원연합회 회원이며 현재 서
울특별시 성동구청에 재직하고 있다.
1985년 이래 줄곧 북한산성 유적 조
사 연구에 몰두하고 있으며 월간
『산』에 '북한산성과 성내 유적'을 연
재한 바 있다.

빛깔있는 책들 102-34

북한산성

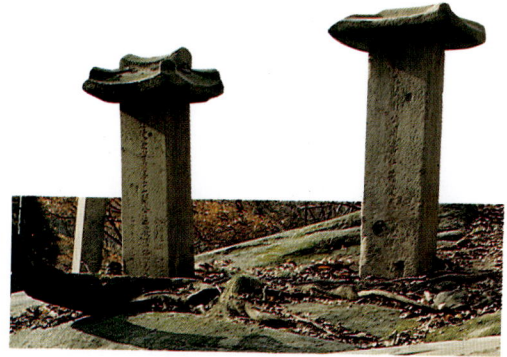

북한산성

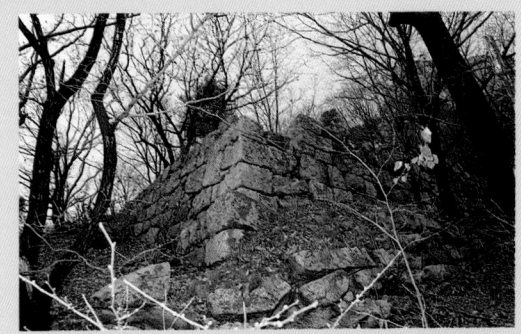

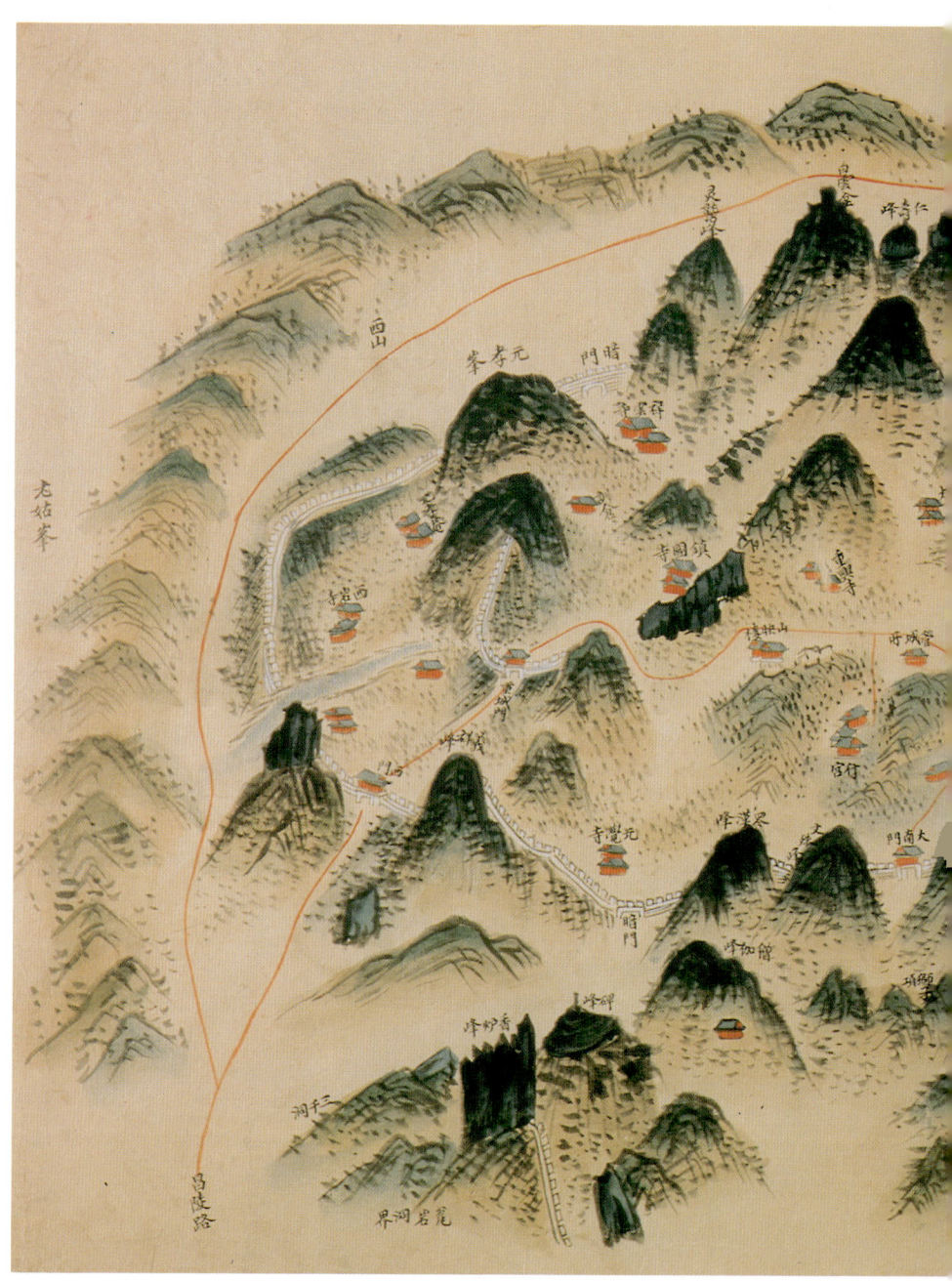

1760년경에 제작된 것으로 추정되는 「동국여도」의 북한성도

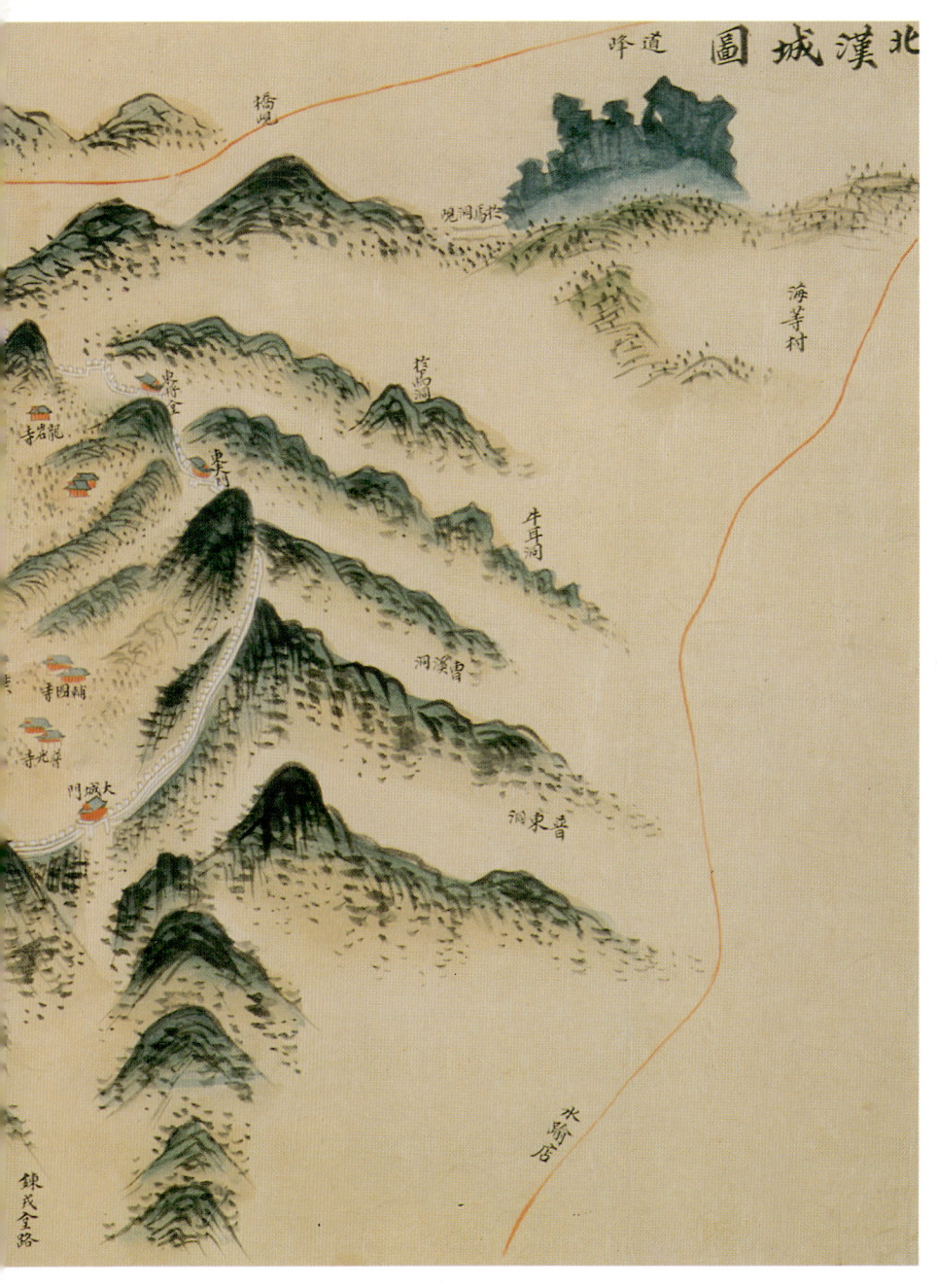

여는 글

　도시 생활에 지친 우리에게 손쉽게 찾을 수 있는 곳이 가까이 있다는 것은 커다란 축복이 아닐 수 없다. 손을 뻗으면 닿을 듯한 곳에 서울을 감싸고 있는 북한산도 그 가운데 하나일 것이다.

　북한산은 600년의 고도를 지켜온 산으로 많은 유적이 있어 풍기는 향기조차 좋다. 특히 백운대에 오르면 늘 그러하듯이 삼각산의 위용과 자연이 빚은 오묘함에 감탄하게 되고, 성내 계곡을 바라보면 가까이 있으되 갈 수 없는 곳인 양 신비감마저 들게 한다.

　북한산성은 경기도 고양시 북한동 산 1의 1에 위치하고 있다. 면적은 557,663제곱미터이며 1968년 12월 5일에 사적 제162호로 지정, 보호하고 있다.

　「삼국사기」에 의하면 백제 4대 개루왕 5년(132)에 북한산성을 쌓았다는 기록이 나온다. 그러나 지금 보이는 성곽은 조선 숙종 37년(1711) 도성 백성들과 삼군문(三軍門)의 군사들이 놀랍게도 6개월이란 짧은 기간에 완공을 한 것이다.

　「숙종실록」이나「북한지(北漢誌)」에 의하면 중흥동석성(重興洞石城)에 대한 기록이 부분적으로 나오는데, 당초 북한산성은 현재

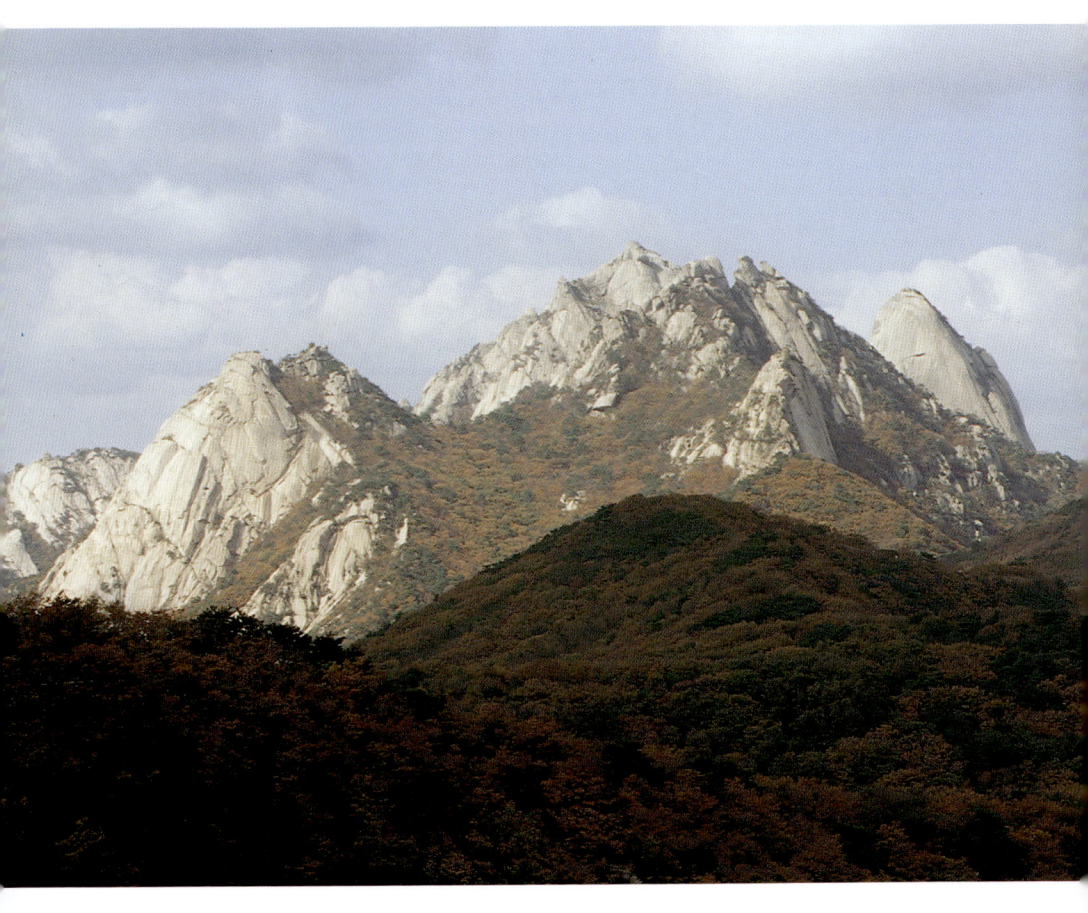

북한산 전경 단국대 김윤우 교수에 의하면 부아악은 백제, 신라, 고려 전기까지, 삼각산은 고려 전기 이후부터 불리어 왔다고 한다. 그리고 화산, 화악은 고려와 조선 전기에, 북한산은 조선시대 이후 삼각산의 별칭으로 사용되었고 현재는 삼각산, 북한산으로 다 호칭되지만 점차 북한산으로 굳혀 가고 있다는 견해를 밝히고 있다.

볼 수 있듯이 주위의 높은 산과 능선을 따라 큰 규모로 쌓은 것이 아니라, 중흥사(重興寺)가 있었던 성내 깊은 계곡에 작은 규모의 중성(重城) 형태로 있은 듯하다. 이를 추측해 볼 수 있는 근거로, 중흥사 터가 옛날 백제의 궁궐터였음이 전해지고 있으며, 중흥사 주위에 석문과 고석성(古石城)이 있다는 기록도 여러 문헌에서 발견되고 있다.

숙종 37년 축성시 13개의 크고 작은 성문과 여장(女墻) 2,807첩(堞)을 축조하였으며, 체성(體城)의 총연장은 7,620보(약 9,500미터)에 이르렀다. 대남문에서 중성까지의 성내 계곡을 답사하다 보면 북한산성의 또 다른 진면목을 보게 되어 놀라지 않을 수 없다.

계곡과 산자락에 흩어져 있는 역사의 잔재들….

전란시 임금이 머물 수 있도록 마련해 놓은 행궁(行宮), 산성 수비와 관리를 위한 삼군문의 유영(留營), 식량과 무기, 화약을 보관하던 창고(倉庫), 장수의 지휘소로 사용한 장대(將臺), 성곽 주위의 초계와 병사들이 묵을 수 있도록 한 성랑(城廊)과 함께 산성을 수비하는 승병들을 위하여 새로 건립한 11개의 사찰과 2개의 암자 등 수백 동의 건물이 있었던 자리이다. 이와 함께 부서지고 쓰러져 있는 탑, 비석, 부도(浮屠) 들도 더욱 애착을 느끼게 한다.

이제 시류에 묻혀 모두 사라졌고 군마가 분주히 오가던 길목에는 인적이 끊긴 채 간간이 남아 있는 주춧돌과 기와조각만이 바람소리, 새소리를 벗삼아 고즈넉한 성터를 지키고 있다. 예스러운 정취를 그대로 간직하고 있는 성내 계곡에 들어서면 누구든 북한산성에 대한 예찬론자가 되지 않을 수 없고, 그동안의 무관심에 대해 자책감마저 갖게 될 것이다. 더욱이 일본에 주권을 빼앗긴 뒤 모든 것이 소멸되었다는 사실이 확인되었을 때 느꼈던 허무와 안타까움은 오늘도 북한산의 역사 속으로 발길을 옮기게 한다.

조선의 멸망과 함께 우리 민족의 혼과 얼이 담긴 문화 유적이 약탈되고 파괴되는 봉변을 당하고도 오늘 우리는 망각의 세월 속에서 분개할 줄 모르는 삶을 이어가고 있으니…. 이제 몇 점 남지 않은 유구를 어루만지며 그 내력을 찾아 내어 형상을 필설로 표현한다는 일이 정말 낯부끄러운 일이 아닐 수 없다.

우리가 경제적으로 어느 정도 윤택해지고 과거와 현실을 돌이켜 볼 수 있는 여유를 갖게 되었다면 우리 것을 소중히 하는 마음가짐으로 당연히 북한산 유적에 대해서도 관심을 가져야 할 것이다.

북한산의 지형과 역사

　　삼각산은 고려의 왕도인 개성에서 양주길을 타고 한양으로 올 때 보이는 모습에서 이름이 비롯되었다는데 파주, 벽제에서 바라보는 삼각산의 위용은 실로 감동적이다. 영취봉과 숨은벽, 인수봉의 암벽이 가파르게 늘어서 있고 그 위로 팽이를 뒤집어 놓은 듯한 백운대가 옹골차게 솟아 있다.

　　한편 서울의 동쪽 망우리에서 보는 모습은 전혀 다른 감흥을 준다. 분지 형태의 마들평야 위로 우뚝 솟아 있는 삼각산은 남쪽으로 부드러운 줄기를 이어가다가 북악산을 마지막으로 바다로 빠진 듯한 착각을 주며 서울과 끈을 잇고 있다.

북한산의 이름

　　「동국여지승람」에 의하면 "삼각산(三角山)은 양주 경계에 있는데 화산(華山)이라고도 하며, 신라 때에는 부아악(負兒岳)이라고 하였다. 평강현의 분수령에서 잇달은 봉우리와 첩첩한 산봉이 굴곡을

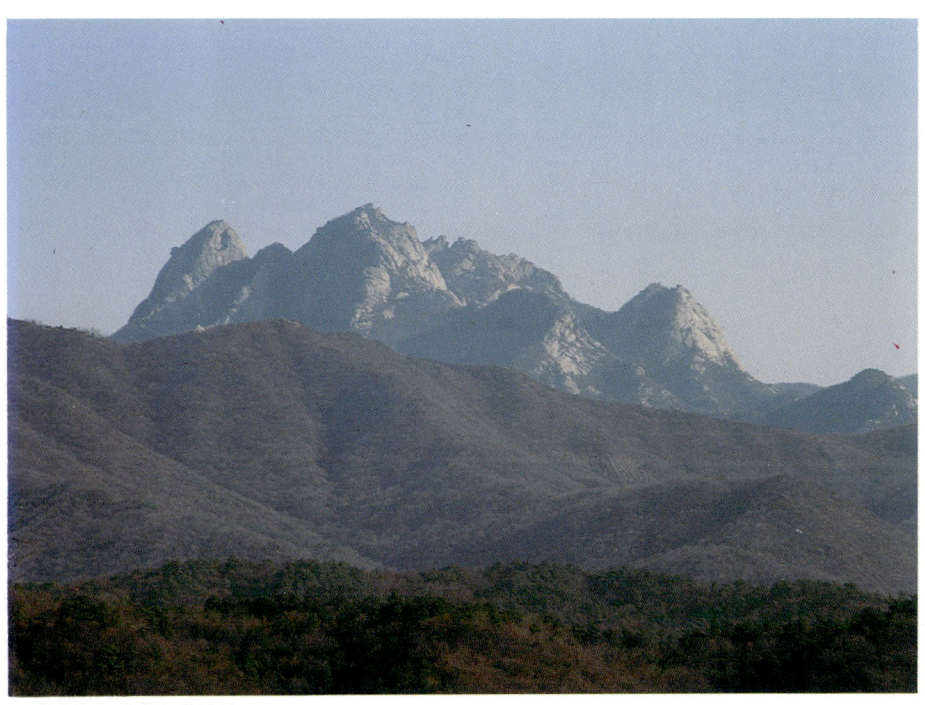
벽제에서 바라본 북한산

이루면서 구불구불 돌아 양주 서남쪽에 와서 도봉산이 되고 또 삼각
산이 되니 실로 경성의 진산이다. 고구려 동명왕의 아들 비류(沸
流), 온조(溫祚)가 남쪽으로 내려와서 한산(漢山)에 이르러 부아악
에 올라 살 만한 땅을 찾은 곳이 바로 이 산이다"라고 하였다.

　「북한지(北漢誌)」에서는 "삼각산은 인수봉(仁壽峯), 백운봉(白雲
峯), 만경봉(萬景峯)의 세 봉우리가 우뚝 서서 깎아 세운 듯한 삼각
과 같다 하여 이러한 이름이 붙은 것인데, 일명 화산(華山) 또는
화악(華嶽)이라고도 한다"라고 하였다. 또한 인수봉에 대한 설명으
로 "인수봉은 삼각산의 제1봉이다. 사면이 순 바위로서 깎아질러

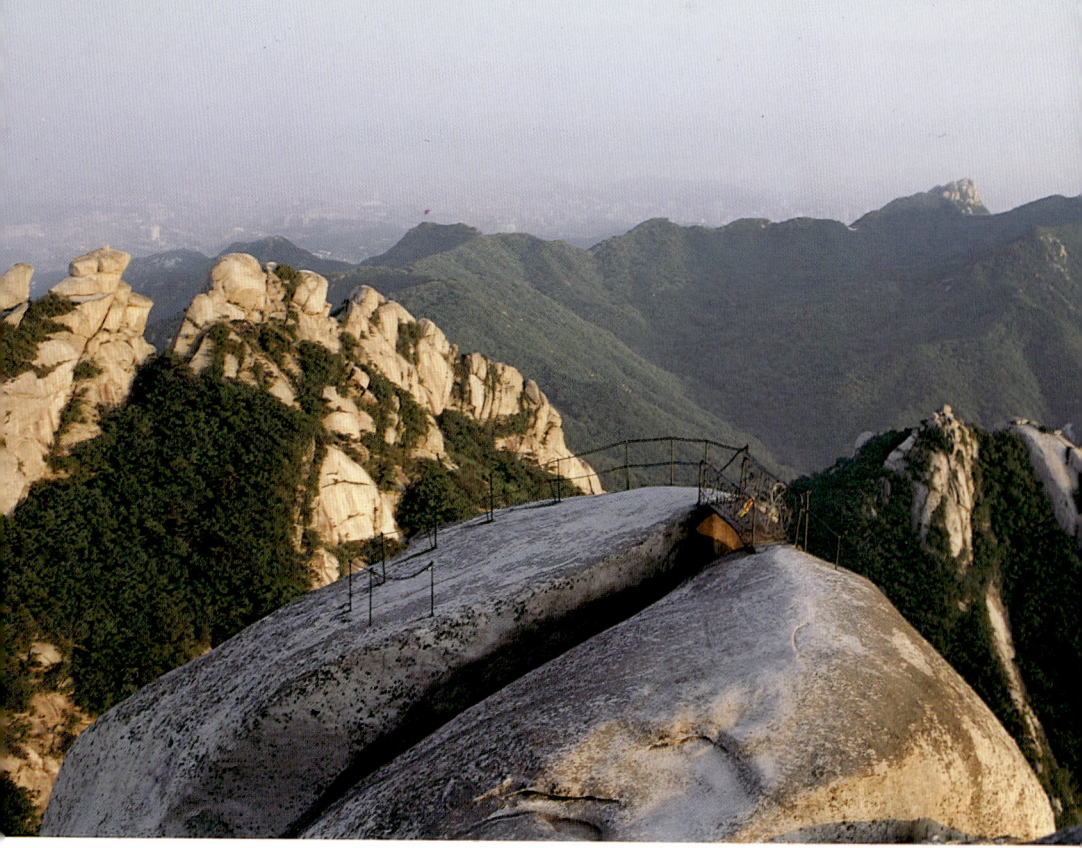

북한산 「세종실록지리지」에 의하면 양주도호부(楊州都護府)에 대한 설명으로 '본래 고구려의 남평양성(南平壤城)인데 북한산이라 한다'라고 한 것을 보면 북한산이라는 명칭은 산명이 아니라 지명으로 쓰였음을 볼 수 있다.

섰는데 봉우리 등에 한 바위가 덧붙어서 부아악이라고 부른다"라고 하였다.

부아악은 뿔뫼의 한자어 표기로서 '負兒'는 곧 불〉뿔의 차음 표기라 생각된다. 부아악은 삼각산의 원래 이름으로서 백제 때부터 불려지다가 고려시대에 삼각산으로 바뀌었다.

고려시대 금석문 자료(원증 국사 탑비 및 삼각산 중흥사 판자의 명문 등)와 「고려사」 등의 기록에 거의 모두 삼각산으로 표기한

예를 보면 부아악은 고려시대에 이르러 삼각산이란 산명으로 정착된 것으로 보인다.

그렇다면 '부아악'은 곧 '각산(角山)'의 의미로서 산정에 뿔 같은 3개의 산봉 곧 백운봉, 인수봉, 만경봉이 있다고 하여 뒤에 삼각산으로 바뀐 것으로 보인다.

일설에는 삼각산의 인수봉 앞에 튀어나온 바위가 마치 어머니가 어린애를 업고 있는 형상과 같다 하여 불려진 산명으로 보기도 하고, 또는 삼각산의 옛 이름이 화산이었으므로 불(負兒)→화(火)→화(華)로 변천된 것으로 보기도 하고, 인수봉 앞에 달린 바위의 모양으로 인해 남자의 음낭을 일컫는 '불'에서 온 산명으로 보기도 하나 삼각산의 형상을 보면 긍정적인 견해로 보기는 어렵다.

북한산이라는 명칭은 본래 백제시대 이래의 한강 유역을 뜻하는 행정 지명에서 기원하였고 산이름으로 부르지는 않았다. 「삼국사기」 '백제사'에 나오는 한산(漢山)과 관련한 기사를 살펴보면 한수 이북의 북한산을 뜻하는 한산, 한수 이남의 남한산을 뜻하는 한산, 한수 이북 또는 이남의 어느 큰 산을 뜻하는 말로 분류해 볼 수 있다. 그러나 '백제사'에 나오는 한산은 대체로 북한산 지역을 의미하고 있다.

백제의 시조 온조가 처음 한강 이북 하북위례성에 도읍하여 정착하였다가 온조왕 14년 한강 이남으로 천도한 뒤 한강 이북의 한산 지역을 북한산, 한강 이남의 한산 지역을 남한산으로 부르게 된 것이다.

이와 함께 지금의 번지만큼 자세하게 골짜기마다 아름다운 이름을 붙여 사용해 왔다. 장춘동(長春洞), 옥류동(玉流洞), 청계동(青溪洞), 노적동(露積洞), 영천동(靈泉洞), 은선동(隱仙洞), 용계동(龍溪洞), 규룡동(叫龍洞), 잠용동(潛龍洞), 용유동(龍遊洞), 백운동(白雲洞), 자하동(紫霞洞), 중흥동(重興洞)이 그것이다.

북한산의 지형

　북한산은 인수봉에서 백운봉으로 이어져 남쪽으로 만경봉, 노적봉(露積峯), 용암봉(龍岩峯), 일출봉(日出峯), 월출봉(月出峯), 기룡봉(起龍峯), 반룡봉(盤龍峯), 시단봉(柴丹峯), 덕장봉(德藏峯), 복덕봉(福德峯), 석가봉(釋迦峯), 성덕봉(聖德峯), 화룡봉(化龍峯), 잠용봉(潛龍峯), 보현봉(普賢峯), 문수봉(文殊峯)이 연이어 솟아 있으며, 다시 문수봉에서 북서쪽으로 뻗어 있는 나한봉(羅漢峯), 나월봉(蘿月峯), 증취봉(甑炊峯), 용혈봉(龍穴峯), 용출봉(龍出峯), 미륵봉(彌勒峯)의 줄기가 대서문을 향하고 있다. 또한 보현봉에서 남동쪽으로 형제봉을 거쳐 북악산으로 내달은 주맥이 보이는데, 이 줄기는 예부터 도성과 연결된 용의 맥이라 하여 신성시하여 왔다.

　대서문을 지나면 성내 계곡의 물을 흘려 보내는 중흥수구(重興水口)에 닿는다. 이곳을 지나면 둥그렇게 능선이 휘어 원효봉(元曉峯), 영취봉(靈鷲峯), 시자봉(侍者峯)을 거쳐 다시 백운봉과 만나게 된다.

　또한 능선 안에는 기린봉(麒麟峯), 장군봉(將軍峯), 등편봉(登片峯), 구암봉(龜岩峯), 상원봉(上元峯), 휴암봉(鵂岩峯) 등 높지 않은 산들이 계곡 양쪽에 들어서 있다.

　이 밖에 천룡강(天龍岡), 와룡강(臥龍岡), 주마강(走馬岡)이라고 부르던 높은 곳이 있었으며 미륵봉 아래에 의상대(義相臺), 의상대 북쪽 수구 위에 원효대(元曉臺), 구암봉 아래에 태고대(太古臺), 동장대 옆에 소요대(消遙臺), 보국사 남쪽에 법왕대(法王臺), 부왕사 앞에 유선대(遊仙臺), 보광사 왼쪽에 곡룡대(曲龍臺), 원효대 아래에 요초대(瑤草臺)가 있었으나 정확한 위치를 찾아 내기가 쉽지 않다.

　북한산에는 능선을 따라 28개의 험난한 봉우리가 있을 뿐만 아니라 크고 작은 계곡이 산재하여 풍부한 수량과 넓은 공간을 제공해

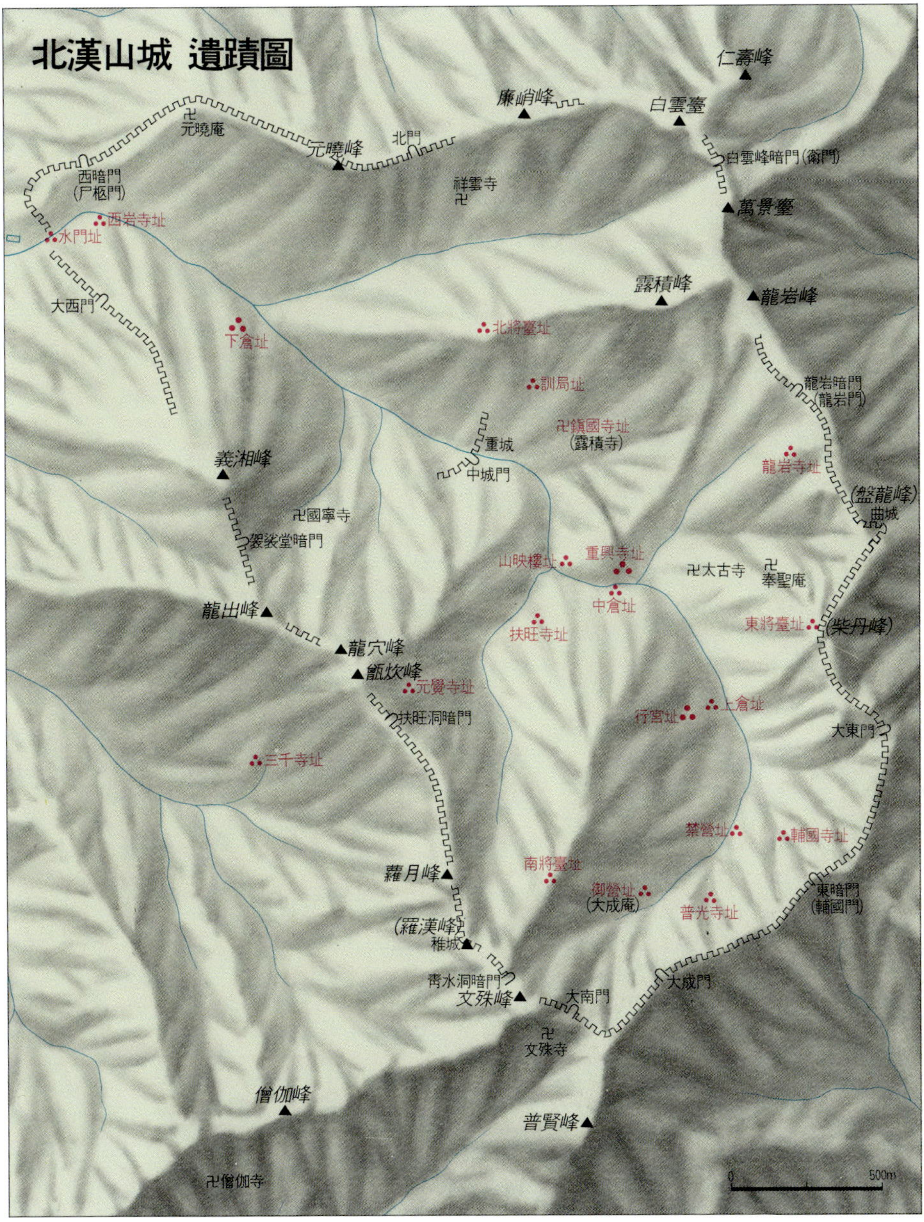

北漢山城 遺蹟圖
仁壽峰
廉峭峰
白雲臺
元曉庵
北門
元曉峰
白雲峰暗門(衛門)
西暗門
(尸柩門)
祥雲寺
萬景臺
西岩寺址
水門址
露積峰
龍岩峰
大西門
北將臺址
下倉址
訓局址
龍岩暗門
(龍岩門)
重城
鎭國寺址
(露積寺)
中城門
義湘峰
龍岩寺址
(盤龍峰)
曲城
國寧寺
袈裟堂暗門
山映樓址
重興寺址
太古寺
奉聖庵
中倉址
龍出峰
扶旺寺址
東將臺址
(柴丹峰)
龍穴峰
甑炊峰
元覺寺址
扶旺洞暗門
行宮址
上倉址
大東門
三千寺址
禁營址
輔國寺址
南將臺址
蘿月峰
御營址
(大成庵)
普光寺址
東暗門
(輔國門)
(羅漢峰)
稚城
靑水洞暗門
大成門
文殊峰
大南門
文殊寺
僧伽峰
普賢峰
僧伽寺
0
500m

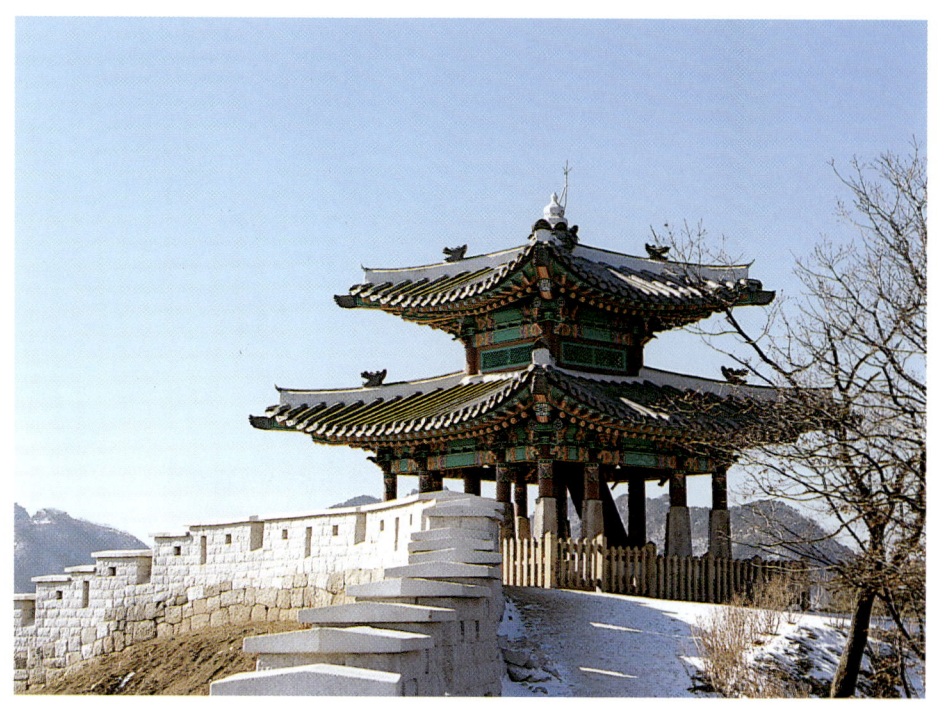

복원된 동장대(위)

신라 진흥왕 순수비 유지(遺址)　북한산 서남쪽 해발 556미터 비봉 정상에는 국보
제3호인 신라 진흥왕 순수비가 있다. 진흥왕이 백제를 무찌르고 한강 유역을 점령한
뒤 새 영토를 두루 순행한 후 이를 기념하기 위하여 건립한 것이다. 지금은 모조비가
서 있으며 앞면에는 "사적 제228호 신라 진흥왕 순수비 유지", 뒷면에는 "이곳에
세워졌던 진흥왕 순수비는 1,400여 년의 오랜 풍우로 그 비신 보존이 어려워 이를
안전하게 관리하기 위하여 1972년 8월 16일 국립중앙박물관으로 이전하고 유지를
사적으로 지정한다"라고 새겨져 있다.(옆면)

주는 천혜의 요충지이므로 예부터 수도 서울의 방위 요지로서 중요
시되어 왔다.

　이러한 유리한 지형 때문에 백제 건국 세력이 지금의 삼각산 동쪽
기슭에 하북위례성(성동구 아차산 부근으로 보는 견해도 있음)을
세운 이래 동쪽의 낙랑과 북쪽의 말갈의 침입이 계속되는 등 삼국시
대부터 서로 이 지역을 차지하려고 하였다. 백제 4대 개루왕 5년
(132)에 처음 북한산성을 쌓은 이래 13대 근초고왕 때에는 고구려
와 공방전이 전개되었던 장소였다.

　근초고왕은 3만 대군을 거느리고 고구려의 평양성을 공격하여
고국원왕을 참살하는 등 전성기를 맞기도 하였으며 그 직후 승세를
타고 고구려를 바짝 조이고자 하는 북진 정책의 일환으로 왕성을
한강 이남에서 다시 한강 이북의 북한산 지역으로 옮겼다.
그 뒤 백제는 고구려 20대 장수왕의 남진 정책에 의해
한강 유역을 모두 빼앗기고 급기야
개로왕까지 전사하는 비운 속에 도읍을
웅진으로 옮기게 되었다.
백제 25대 성왕은 실지 회복을
위해 신라 진흥왕과 연합 전선을
펴서 한때 한강 유역을 수복하였지만,
신라가 배반하고 이 지역을
탈취한 뒤 북한산성은
다시 고구려의 끈질긴
남하 정책과 신라의 만만찮은
방어력이 맞부딪치는
결전장이 되었다.

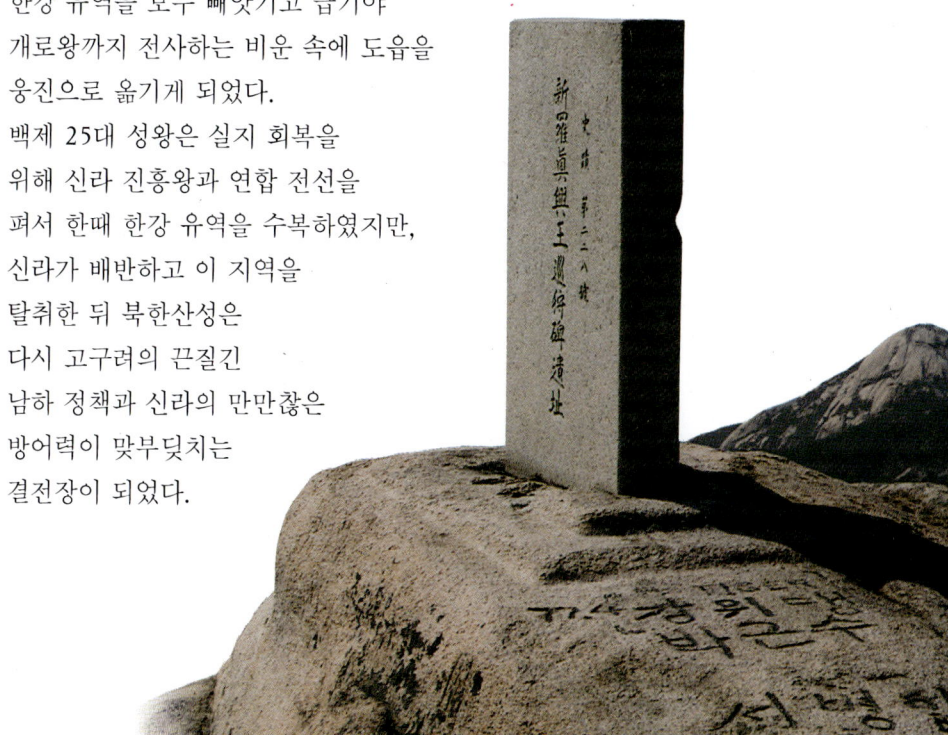

그 가운데서도 신라 진평왕 25년과 신라 무열왕 8년에 있었던 두 차례의 전투가 손꼽을 만큼 치열했다. 이때 신라는 20여 일 동안 지속된 고구려의 맹공을 북한산성을 거점으로 악전 고투 끝에 물리쳤는데, 성주 동타천을 중심으로 한 수성군 전원은 국토 수호를 위한 불퇴전의 기개로 산성을 방어함으로써 우리나라 수성전(守城戰) 사상 높이 평가되고 있다.

　　고려시대에 와서도 북한산성의 중요성은 여전하여 우왕은 왜구에 대한 방비책으로 최영 장군을 보내어 노적봉을 중심으로 중흥동 석성을 수축하였다.

　　「동국여지승람」에는 "중흥동석성 재중흥사북 주구천사백십칠척…(重興洞石城 在重興寺北 周九千四百十七尺…)"이라 하였고, 「북한지」에도 "고석성 재중흥사북 주구천사백십칠척 유석문급문지(古石城 在重興寺北 周九千四百十七尺 有石門及門址)"라고 같은 내용의 기록이 있는 것을 보면 조선시대 후기까지 중흥사 북쪽에 석성과 성문터가 남아 있었음을 알 수 있다. 석성 9,417척이면 규모는 크지 않으나 이를 영조척(營造尺)으로 환산하면 길이가 2,900미터에 달하는데, 지금은 고석성의 자취를 찾을 수가 없다.

시대적 배경에 따른 축성론

임진왜란과 이괄의 난, 병자호란을 겪고 난 뒤 조정에서는 앞으로 이와 같은 난이 또 일어나면 어디로 피신해야 하는가 하는 문제로 크게 고심하였다.

도성을 지키지 못하고 백성을 버린 채 임진왜란 때에는 서북 지방으로, 이괄의 난 때에는 충청도 공주까지 정처없이 피란길을 떠나는 수모를 겪었으며 병자호란 때에는 미처 강화도로 피하지 못하고 남한산성에 들어가 항쟁을 하다가 치욕을 당하였다.

국난을 당할 때마다 도성을 한번도 방위하지 못한 조정에서는 그동안 믿었던 강화도와 남한산성도 위급할 때에는 신속한 피란처가 되지 못한다는 판단 아래 도성과 가까운 곳으로 새로이 물색한 곳이 바로 북한산이었다.

북한산에 대한 축성 논의는 조선 선조(宣祖) 때부터 기원을 두어야 할 것이다. 임진왜란이 끝나 갈 무렵인 선조 29년(1596) 종전 협상이 지지부진한 동안 왜의 재침을 우려, 북한산에 성을 쌓고자 하였다. 선조는 삼각산 아래 옛 중흥동이 고려 현종(顯宗)의 피란처임을 상기시키며 이곳의 형세가 좋다면 산성을 쌓아 백성들의 안전

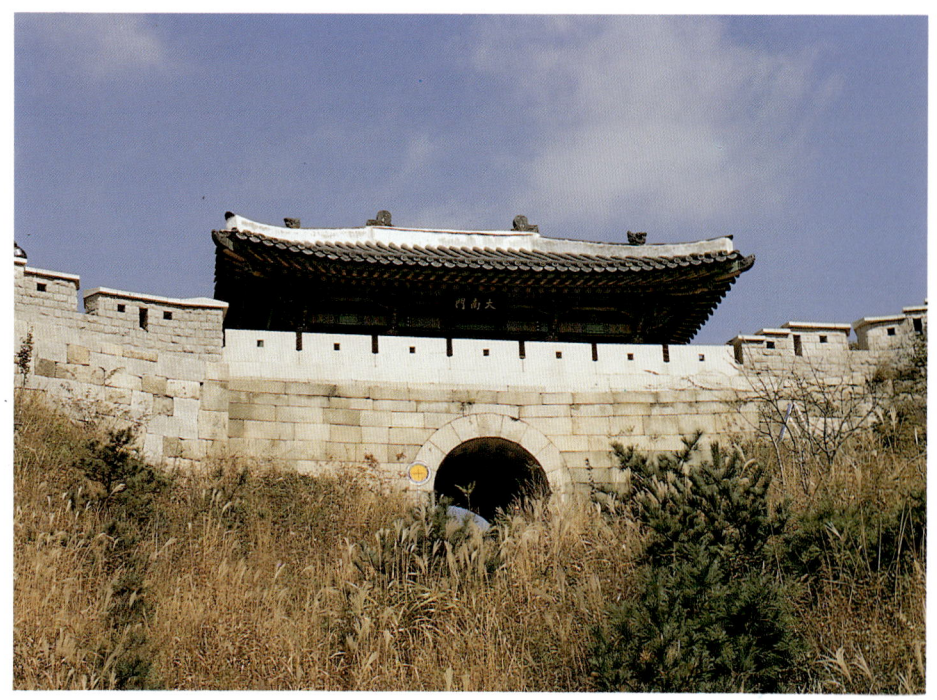

복원된 대남문

한 피란 장소로 삼도록 하였다.

병조판서 이덕형(李德馨)이 현지 답사 뒤 '천험만전지세(天險萬全之勢)'임을 보고하며 지금까지 시설이 없음을 한탄하였으나 예상 침투로에 있는 남한산성의 수축론에 밀려 검토에 그치고 말았다.

다시 축성론이 제기된 것은 병자호란 때 인질로 끌려가 쓰라린 체험을 몸소 겪은 효종(孝宗)에 의해서였다. 효종은 청에 대한 복수의 일념으로 국방력을 튼튼히 함과 동시에 "효묘기해유밀물지교(孝廟己亥有密勿之教)"라고 했듯이 북한산성을 수축하고 조지서

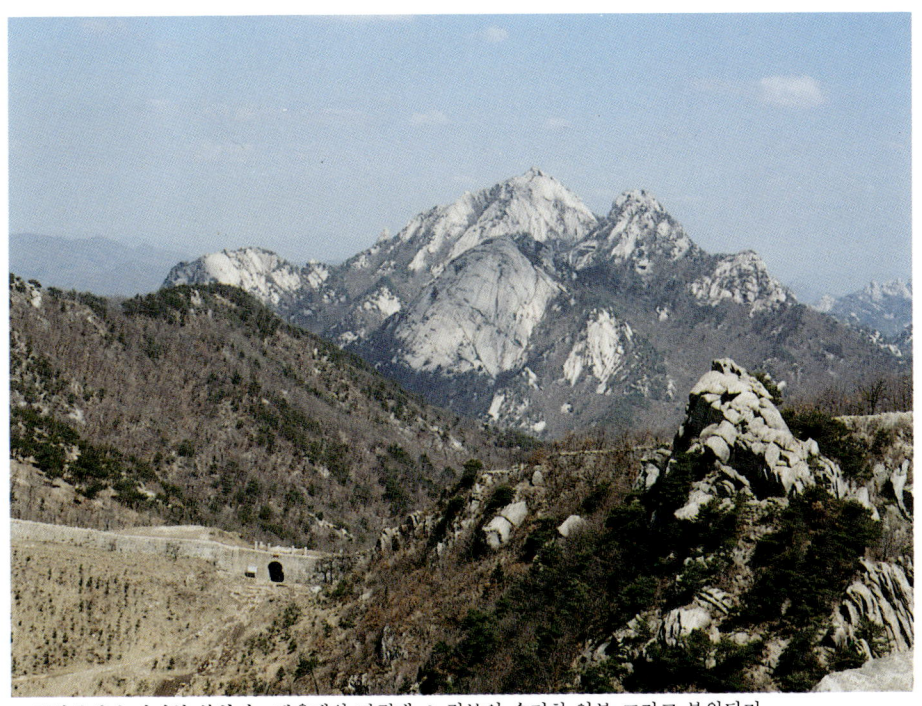
보현봉에서 바라본 북한산 백운대와 만경대, 노적봉의 수려한 암봉 그리고 복원되기 전의 대남문과 어우러진 북한산의 1989년 모습이다.

(造紙署) 골짜기를 막아 피란 장소로 삼을 것을 비밀리에 송시열 (宋時烈)에게 지시하였으나 백성을 부리기 어려웠던 상황에다 갑작 스런 죽음으로 재차 논의에만 그쳤다. 다시 본격적인 논의는 숙종의 즉위년부터였으나 이 역시 대역사가 착수되기까지 파란만장의 절차 를 거치게 하는 시작에 불과하였다.

청(淸)이 내란으로 우리에게 청병(請兵)할 기미가 보이자 이에 조정에서는 명(明)에 대한 도리상 병력 지원은 불가하다는 결론을 내리고, 불응할 때 내침할 경우를 예상하여 산성 수축을 빨리 서두

르도록 한 것이다. 그러나 우려하였던 청의 파병 요구는 없었고 재정 형편도 원활치 않아 축성은 일단 보류하였다.

다시 축성론이 제기된 것은 왜(倭)와 울릉도, 독도 분쟁으로 양국 외교 관계가 험악해졌을 뿐만 아니라 서북 변경에서는 범월인(犯越人) 관계로 청과 분쟁이 잦고, 해상에서는 해적이 창궐하는 등 일련의 사건들이 조정을 불안케 하였기 때문이다.

이렇게 어수선한 분위기 속에서 숙종 28년(1702) 우의정 신완(申琓)은 국가 당면 정책으로 북한산성 축성을 건의하였는데, 그는 종래 병란이 있을 때 도성을 버리고 피난 갔던 일이 큰 실책임을 지적하고, 북한산에 성을 쌓고 만반의 준비를 하여 조정과 백성이 다 같이 믿고 의지해 근본을 버리지 말아야 한다고 주장하였다. 또한 북한산이야말로 강을 건너야 하는 강화도나 남한산성과는 달리 백성과 식량, 자재를 함께 가지고 갈 수 있어 왕의 피란처로 가장 적소임을 강조하고, 만일 도성이 함락되는 일이 있더라도 북한산성에 들어가 지킴으로써 외적과 지구항전(持久抗戰)을 할 수 있음을 상소하였다.

이에 따라 진작부터 축성에 마음을 두고 있던 숙종의 재가를 얻어 축성 계획을 수립하고 성을 쌓는 데 필요한 돌을 뜨는 등 실행에 옮기게 되었으나 반대 의견도 만만치 않았다.

도성 부근에 새로 큰 성을 쌓는 것은 청으로 하여금 오해를 갖게 해 불미스러운 일이 일어나게 할 수도 있다는 점과 국가 재정이 궁핍하고 굶주리는 백성이 많은 실정에서 막대한 인력, 물자를 낭비하여 축성하는 일은 불가하다는 점이었다.

다른 의견으로는 북한산에 성을 쌓으려면 불가피하게 산을 파고 돌을 깨는 등 도성의 지맥을 끊게 되므로 불길한 일을 가져오게 할지도 모른다는 풍수지리학적인 견해였다. 이와 같이 강력한 중신의 반대론과 지사(地師)의 내룡상파유해론(來龍傷破有害論)에 의해 축성은 실행 단계에서 중단되고 도성 수축을 먼저 진행키로 결정을 보았다.

숙종 36년 가을에 접어들면서 축성 논의가 재개되었는데, 당시 중국의 연해에 해적의 출몰이 심하여 청이 이에 대비하도록 자문(咨文)을 급히 보내 왔기 때문이다. 이로써 인조 때에 약정된 병자약서(丙子約書) 가운데 성지(城池) 수축 금지 조항이 사문화(死文化)된 것으로 해석됨에 따라 북한산의 축성 논의가 활기를 띠게 된 것이다.

「숙종실록(肅宗實錄)」을 보면 숙종 36년 9월부터 이듬해 봄까지 북한산성 축성 여부를 놓고 왕과 대신 사이에 많은 의견 교환과 함께 상소 내용이 나온다. 여기에 몇 가지 사례를 소개하여 왜 북한산의 축성을 시도하였는지, 왜 반대하였는지를 긍정적으로 이해하고자 한다.

판부사 이이명(李頤命)이 말하기를 "해구(倭)가 쳐들어오면 남한산성으로 들어가고 육적(淸)이 오면 강화도로 들어가는 것으로 정하였는데, 지금은 해적이 염려되므로 강화도는 우선 의논할 것이 없습니다. 남한산성은 천험(天險)이나 서쪽과 남쪽이 두절되어 안팎이 통하지 못하는 데다가 또 둘레가 크고 엿보는 봉우리가 있어서 만전의 땅이 못 됩니다. 양주에 있는 홍복산(洪福山)은 둘레가 남한산성보다 좁고 사면이 산이며 시내가 중앙으로 흘러가고 밖에는 큰 들판이 있어서 백성들이 드나들며 경작할 수도 있습니다. 또 남한산성과 강화도는 모두 배를 타고 건너야 되나 이곳은 나루가 없어서 더욱 편하고 좋습니다"라고 하였다.

이에 숙종은 "강화도는 비록 천험이라 하나 해구를 피할 수 없고 남한산성은 외따로 떨어져 있으며, 도성은 넓고 커서 모두 지키기 어려우나 홍복산은 나루가 없는 데다가 형편이 좋다고 하니 가서 살펴보고 의논해 처리하는 것이 옳겠다"고 하였다.
훈련대장 이기하(李基夏)가 홍복산과 북한산을 답사하였다.

"홍복산의 지세는 안으로 천험의 형세가 있고, 밖으로 둘러싸인
형세가 없으므로 성 쌓는 데 적합하다고 한 것은 이 때문입니
다. 다만 사면의 5리 안이 모두 토산이어서 돌을 캘 곳이 아주
멀어 10리 밖에서 가져다가 쌓아야 하므로 일의 공역이 매우
어려울 것이며, 산에 나무가 없어서 땔나무를 할 길이 없으니
군병들의 취사 또한 의지할 바가 없습니다. 북한산에 이르러서
는 인수봉, 백운대, 만경대 등 여러 봉우리가 깎아 지른 듯이
우뚝 솟아 있으나 한 사람이 관문을 지키면 만 사람이 열지
못하는 지형입니다. 그리고 이미 돌로 쌓은 구지(舊址)가 있고
또 산 아래에는 석재가 많으며 산골짜기 곳곳에 물이 있는 데다
가 수목 또한 크게 자란 곳이 많습니다. 도성과 멀지 않은 곳에
이러한 천험이 있는데 오히려 지금까지 버려 두었으니 매우
애석하게 여길 뿐입니다."

라고 하며 북한산의 지리적 조건을 예찬하였다.

이와 같이 북한산의 지리적 조건을 들어 축성할 것을 보고하자
반대론도 강하게 머리를 들고 일어났다. 부제학 조태로(趙泰老)
는 많은 재력을 투입하여 다른 장소에 새로운 성을 쌓는 것보다
도성을 굳게 지키는 것이 옳다는 내용의 상소를 하였으며 영중추
부사 윤지완(尹趾完)도 북한산성의 수축을 반대하였다.

"의논하는 자들은 북한산에 성을 쌓는 것이 도성을 지키는
바탕이 된다고 하나, 도성을 지키려면 북한산에 성을 쌓아서는
안 되고 만약 북한산에 성을 쌓는다면 도성은 지킬 수가 없습니
다. 북한산은 산이 높고 골짜기가 깊은 데다가 평지가 아주
적어서 도성의 백성들이 들어가 있고자 해도 반드시 4, 5분의
1도 수용하지 못할 것입니다. 또 적이 도성을 불태우면 북한산

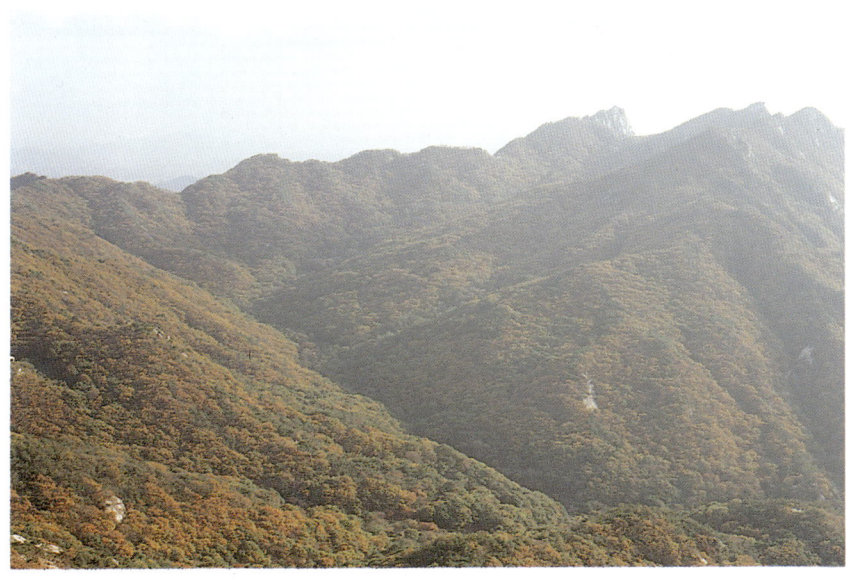

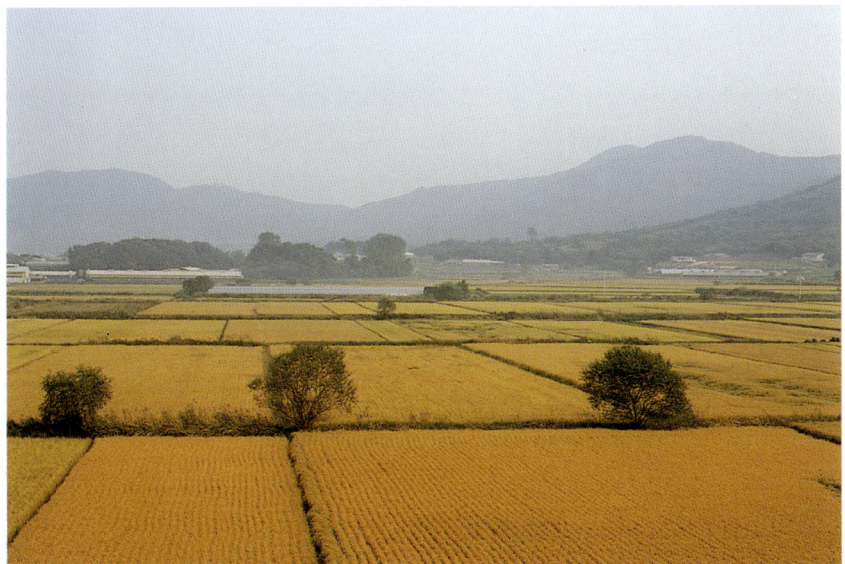

노적봉에서 바라본 성내 계곡(위)
경기도 양주군 백석면에 있는 홍복산(아래)

의 군사와 백성들이 이러한 상황을 직접 바라보고 마음이 불안하여 진정시킬 수 없게 될 것이니, 끝내 방어하여 지탱할 수가 없습니다."

라고 하였다.

한성군 이기하(李基夏)는

"도성이란 나라의 근본이 되는 것으로서 종묘 사직과 백성이 이곳에 있고 기구와 식량이 이곳에 저장되어 있으니, 이곳을 지키면 종묘 사직과 백성이 편안하고 기구와 식량도 넉넉할 것이요, 이곳을 버린다면 종묘 사직을 욕되게 하는 괴로움이 있을 것이고 백성은 창과 활에 도륙당하는 참화가 있을 것이며 자재는 적이 의지하는 바탕이 될 것이고 식량은 적을 먹여 주는 양식이 될 것입니다.

편안하게 있으면서 지친 적을 기다리는 것이, 강화도로 분주하게 바다를 건너야 하는 데에 견줄 바가 아니고 사방으로 응원을 청할 수 있는 것이 남한산성의 외따로 떨어진 것에 견줄 바가 아니며, 옛날 그대로 증수(增修)하는 것이 홍복산에 새로 쌓아야 하는 데에 견줄 바가 아니고, 광활하여 많은 사람을 용납할 수 있는 것이 북한산의 비좁은 데에 견줄 바가 아니므로 이해와 득실이 매우 뚜렷하고 분명한데, 인정이 새로운 것을 좋아하여 달리 도모코자 하니, 그것이 옳은 줄을 알지 못하겠습니다."

하며 도성을 반드시 지켜야 한다고 극론하였다.

숙종이 말하기를

"북한산은 도성과 가까운 곳에 있어서 비록 양식과 기구를 따로 조치하지 않는다 하더라도 도성의 비축물을 모두 옮길 수 있을 것이니, 이는 끝내 버릴 수 없는 땅이다."

라고 하며 북한산성의 축성 의지를 버리지 않았다.

숙종 36년 12월, 숙종의 뜻이 북한산 축성으로 기울자 여러 대신들이 명을 받아 정밀 현지 답사를 한 뒤 그 결과를 보고하였다. "북한산은 사면이 험난하고 수구(水口)가 조금 평탄하나, 좌우에 큰 산봉우리가 있어서 단지 한길로만 통해야 하니, 적이 어떻게 감히 들어올 수 있겠습니까? 의논하는 자가 그 좁은 것을 단점으로 여기지만, 한때에 피란하였으니 천혜의 요새로 족히 믿을 수가 있습니다. 효종께서 평소 북한산성을 쌓고 조지서의 입구를 막아 양식을 실어 들이고자 하신 당시의 계획은 우연한 것이 아닌 듯합니다"라고 하였다.

우의정 김창집(金昌集)은 "성 안이 지극히 좁아서 공가(公家)와 사가(私家)를 배치할 수가 없습니다. 또 장차 백성을 모아 살게 하면 살아가기가 매우 고생스러울 것이며, 창고에 곡식을 쌓아 두려면 옮겨 운반하기가 진실로 어려울 것이니 조지서 동구 안에 별도의 창고를 지어서 곡식을 쌓아 두어야 마땅합니다. 또 도성을 전부 버리기가 어려우니 이러한 일들은 반드시 미리 생각한 뒤에야 대계(大計)를 정할 수 있을 것입니다"라고 하였다.

이에 숙종은 "성을 쌓는 역사는 석재를 뜨는 일이 가장 어려운데 북한산은 석재가 모두 그 땅에 있으니 공역이 줄어 편할 것이다. 마땅히 이렇게 평온한 때에 속히 성취시켜야 하니 일을 지연시킬 수 없다"고 하였다.

숙종 37년 2월 축성 결행을 목전에 두고 최종 단계에서 총융사(摠戎使) 김중기(金重器), 사직(司直) 이우항(李宇恒)이 새로 북한산의 성터를 살펴보고 왔다. 숙종이 소견을 진달하도록 하니, 김중기가 그 형편이 축성하기에 합당하다며 강조해 말하기를, "처음 동중(洞中)에 들어가니 좌우로 깎은 듯한 절벽이 우뚝 서 있어 수용할 만하였고 또 우물, 샘이 매우 많은 데다 계곡의 시냇물 또한 10여 곳이나 되었으며, 둘레가 30리나 되어 그 가운데 험준한 곳을 제외하여도 족히 도성의 절반은 되었습니다.

수구가 비록 낮고 평탄한 것 같았으나 중간의 한 가닥 길목을 군병이 지키기만 한다면 족히 적의 침략을 막을 만하였으며, 한 미산(漢尾山)이 비록 마주 보고 있으나 거리가 5리 정도 되어 대포가 비록 넘어온다 하더라도 힘이 약해질 것이니 굳이 염려 할 것이 없습니다. 설혹 불행한 일이 있더라도 임금님이 머무르 실 곳이 이보다 나은 곳이 없습니다"라고 하였으며, 동행하였던 이우항의 말도 대략 같았다.

현지를 답사한 대신들이 이구동성으로 북한산의 지형 등 제반 여건이 축성의 적소임을 보고하자 숙종이 이르기를 "북한산은 곧 온조의 옛 도읍이며 또 도성과 지극히 가깝다. 염려되는 것

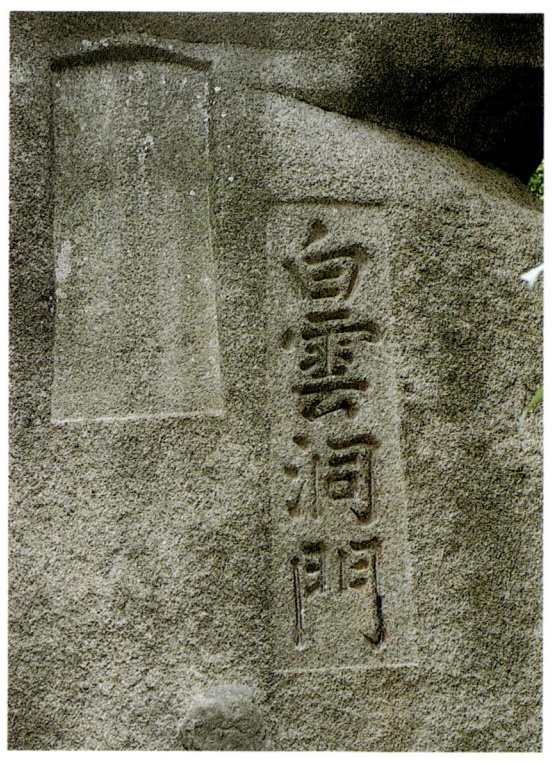

장군봉 아래에 있는 백운 동문 각자 「북한지」 에 의하면 백운동 입구 바위에 " 백운동문 " 4자가 새겨져 있다고 기록되어 있다.

은 단지 물이 부족한 것인데, 지금 들으니 물도 넉넉하다고 하니 축성을 하는 것이 옳다. 큰 계획이 이미 정해졌으면 재력의 다소는 말할 게 없으니 그곳의 돌을 이용해 쌓으면 어찌 많은 비용이 들겠느냐"라고 하였다.

형조참판 조태로는 끝까지 축성의 불가함을 호소하였는데 "북한산의 험한 지형은 의지하기에 넉넉합니다만 남한산의 경우 밖은 험악하여도 안은 평탄한데, 이곳은 안이 한쪽으로 경사져서 통행이 쉽지 않으며 또 궁궐과 창고, 백관과 군졸이 들어가 머물러 있을 곳이 없으니 이도 또한 어렵습니다. 더구나 도성이 이미 넓고 커서 방어하기가 어렵다면 북한산에 들어가 수비하면서 무슨 힘으로 두 곳을 아울러 방수하겠습니까?" 하며 반대 의사를 굽히지 않았다.

이에 숙종이 이르기를 "도성은 넓고 커서 수비하기가 어렵고, 남한산은 나루를 건너기가 어려우며, 강화도는 얼음이 얼어 버리면 그 험한 것이 믿을 만한 것이 못 된다. 오직 북한산만은 지극히 가까운 까닭으로 백성과 들어가 수비하려고 하니 군량(軍糧)을 조치하는 등의 일은 먼 지역과는 달리 어렵지 않을 듯하다. 만약 의견이 같아지기만을 기다린다면 어찌 뜻을 이룰 수 있겠느냐?"고 하였다.

숙종 37년 3월 21일 제조 민진후(閔鎭厚)가 "북한산의 축성 계획이 모두 끝났으니 즉시 공사에 착수하여야 합니다. 이제 별도로 도감(都監)을 설치할 필요는 없고 삼군문(三軍門)을 분배하여 축조하는 일을 감독해야 할 것인데, 도성의 백성은 농민과 달라서 적당히 헤아려 사역해도 좋을 듯합니다"라고 하자, 숙종은 "김중기가 앞으로 총융사의 직책을 갖고 왕래하며 축성을 감독토록 하라"고 명하며 담당 부서를 확정하고 대체적인 임무를 부여하였다.

북한산성 축성

    북한산 축성 문제를 놓고 장기간에 걸친 찬반 양론은 숙종의 확고한 신념에 따라 숙종 37년(1711) 2월 축성 방침을 굳히고 그해 3월에는 구획을 나누어 삼군문에서 축조하도록 결정하였다.

    4월 3일에 착수된 공역은 믿어지지 않을 정도로 급속히 진행하여 불과 6개월 만인 10월 19일 백운봉, 만경봉, 용암봉, 문수봉, 의상봉, 원효봉, 영취봉 등 북한산의 연봉을 연결하는 석성을 완료하였으며 길이는 21리 60보에 이르렀다.

    이렇게 단기간에 대규모의 축성이 가능했던 이유는 바로 직전에 서울 도성을 수축한 경험이 있었고 삼군문에서 담당케 되었으므로 계획 수립에서 시행까지 치밀하게 진행할 수 있었던 데다 농번기나 장마철에도 중단 없이 공사를 강행하였기 때문이다.

    또한 홀연히 나타났다 없어지는 해적의 침략에 대비해서도 한시가 급했고 드러내 놓고 대규모 성곽을 도성 옆에 쌓는 일도 청에 빌미를 잡힐 꼬리가 될지 몰라 지체할 상황이 아니었기 때문이다.

    성공적인 축성을 위하여 모든 역사를 훈련도감(訓練都監), 금위영(禁衛營), 어영청(御營廳) 등 삼군문이 구역을 분담하여 쌓게 하였

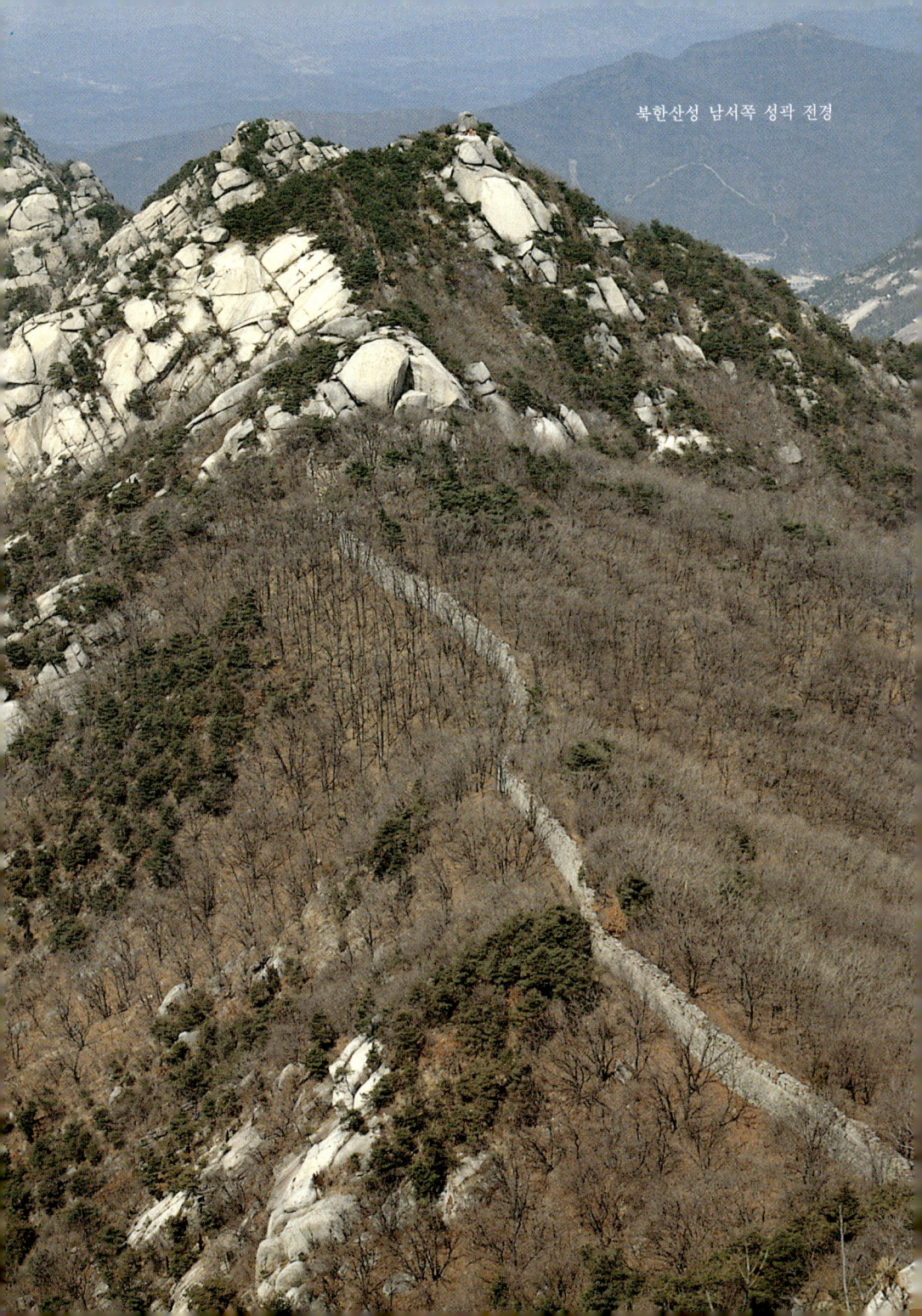

북한산성 남서쪽 성곽 전경

는데, 책임 당상으로 전판서 민진후, 행훈련원도정 김중기를 임명, 총괄적인 책임을 맡겼다.

책임 당상 민진후는 얼마 안 되어 호조판서 김우항(金宇杭)으로 교체되었으며, 각 군문에는 책임 감독관으로 낭청(郎廳)을 두는 한편 그 아래 내책응(內策應), 외책응(外策應), 독역장(督役將)을 두고 기능별로 부석패장(浮石牌將), 축성패장(築城牌將), 수구패장(水口牌將), 운석패장(運石牌將), 치도패장(治道牌將), 이장편수(泥匠邊首), 야장편수(冶匠邊首), 목수편수, 석수편수 등의 감독원을 두어 공사에 철저를 기하였다. 또한 도성 수축에 관계한 5군영의 감독관, 감독원이 대거 참여하였음을 알 수 있으며, 감독원의 수를 보면 비중이 큰 축성패장이 가장 많아 각 군문별로 16 내지 19명이었으며, 운석패장, 부석패장도 여러 명이었다.

삼군문에서 시행한 구간을 보면 훈련도감은 수문 북측에서 용암봉까지 2,292보(步), 금위영은 용암봉 남측에서 보현봉까지 2,281보, 어영청은 보현봉에서 수문 남측까지 2,507보를 축성하였는데 이때 전장 7,620보의 체성과 2,807개의 성첩, 성문 12개, 수문 1개를 완성하였다. 참여 인력을 보면 삼군문의 군사는 물론 도성의 경상가(卿相家) 이하 각호를 대중소로 나누어 1 내지 3명씩 식량을 갖고 부역토록 하는 한편 노임을 받는 모역군(募役軍)과 각종 공장(工匠)도 참여하였으며 또한 전라도 화엄사의 승 성능(聖能)이 휘하의 승군을 이끌고 축성을 도왔다.

도성 백성을 동원하는 과정에서 축성이 백성과 함께 방수하려는 계책에서 나온 것인데 이를 이해 못하는 사람이 많자 비망기(備忘記)를 내리어 민심 안정에 힘쓰기도 하였다. 당시 도성의 남자가 약 10만 명이 되었다 하니 노약자를 빼고 나면 축성 기간 동안 약 3만 내지 4만 명 이상이 계속해서 참여한 것으로 생각되며 축성시 겪은 백성들의 고초는 상당히 컸으리라 짐작된다.

소요되는 성돌의 물량을 파악, 계곡에 지천으로 널려 있는 암반에 일일이 표시를 한 뒤 알맞게 채석을 하는 동안 한편에서는 확정된 축성 예정지를 깊고 평평하게 정지하는 작업을 해나갔을 것이다. 반듯하게 다듬은 성돌을 능선까지 옮겨다 빈틈없이 차곡차곡 쌓은 뒤에는 상당량의 잔돌과 토사로 내측을 일정한 높이로 메워 보토했을 것이며 이때 소요된 토사의 양은 막대하여 성돌을 나를 때의 고생에 버금갔을 것이다.

그 위에 다시 넓적한 돌로 성첩을 쌓으면서 총구멍을 내고 석회로 일일이 마무리하는 일이야말로 가장 힘들고 손이 많이 가는 작업이었을 것이다. 또한 엄격한 군법 밑에서 각 군문별로 가장 **빠른** 시일 안에 제일 견고하게 쌓기 위한 경쟁도 있었을 것이니 이 또한 도성 백성들의 부담을 가중시켰을 것이다. 「비변사등록」에 기록된 각 군문별 축성 내용은 다음과 같다.

구분 군문	담당 구간	성문	체성		여장
훈련도감	수문 북변 ~ 용암봉	수문 북문(홍예) 서암문 백운봉 암문	고 축 반 축 지축 여장 계	1,052보 771 469 2,292	704첩
금 위 영	용암 남변 ~ 보현봉	용암 암문 소동문(홍예) 동암문 대동문(홍예)	고 축 반 축 반 반 축 계	474 1,836 511 2,281	1,107
어 영 청	수문 남변 ~ 보현봉	대서문(홍예) 청수동 암문 부왕동 암문 가사당 암문 소남문(홍예)	고 축 반 축 지축 여장 계	1,220 299 908 2,507	986
합 계		13개	고 축 반 축 반 반 축 지축 여장 계	2,746 2,906 511 1,457 7,620	2,807

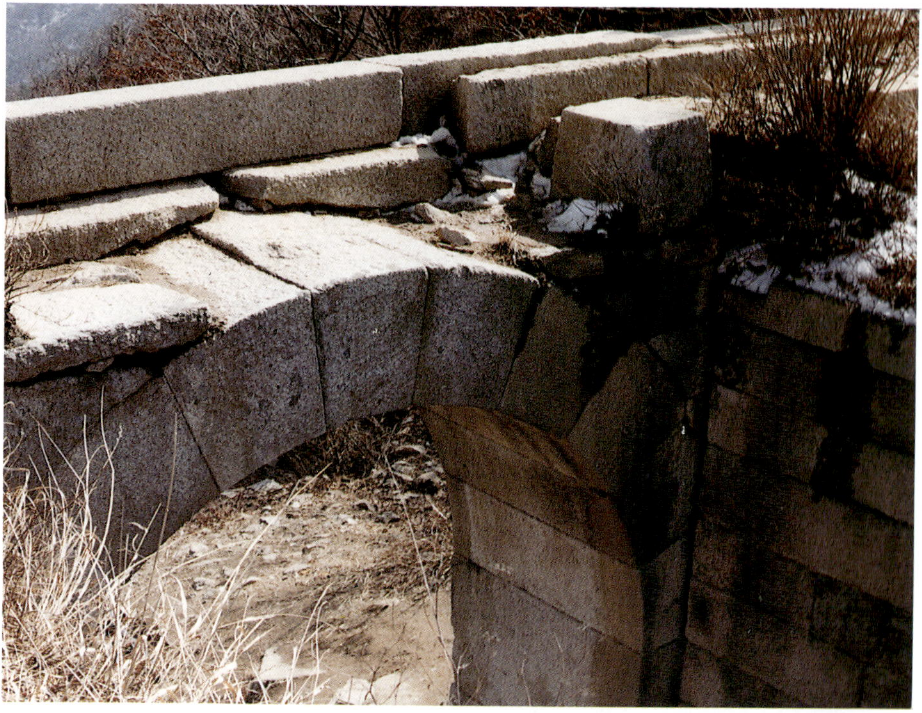

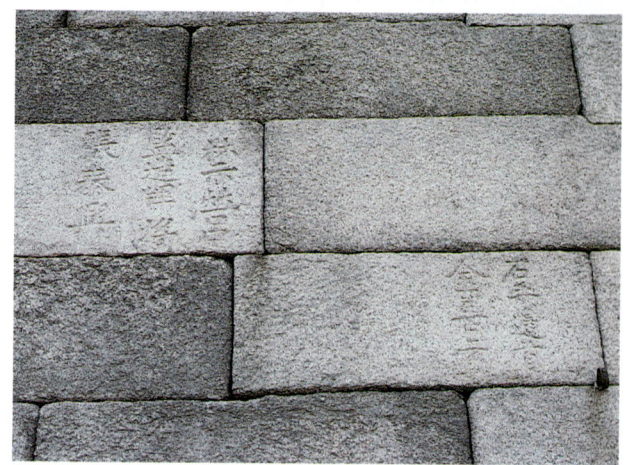

대성문의 홍예돌과 초석
건물 전체의 균형을
위하여 홍예돌 정면
중앙칸 위는 다른 칸보
다 넓게 초석을 시설하
였다. 1989년 촬영.
(위)

대성문의 각자 성석 대
성문 육축 상단에는
성문 축조에 참여한
감독의 소속, 직위, 성명
이 새겨져 있는 성돌이
끼어 있다.(오른쪽)

이때 소요된 양곡과 돈 등 재원은 각도의 감영과 통영(統營), 수영(水營) 등에 부담시키고 병조 등 각 군문의 비축분을 사용토록 하였는데, 품목별로 보면 쌀 16,381석, 나무 767동, 돈 34,799냥, 정철 2,785근, 신철 229,180근, 석회 9,638석, 숯 14,859석, 생칡 2,002동, 사승포 4동, 소모자 900립(立)이 소요되었다.

한편 축성 현장을 보고 싶어하던 숙종은 성곽이 준공되고 행궁의 영건도 거의 마무리된 숙종 38년 4월 10일 드디어 북한산성 시찰길에 올랐다. 수천 기마병의 호위를 받으며 구파발을 경유, 대서문으로 들어가 수문을 구경하고 행궁에 도착하여 휴식을 취한 뒤 마지막으로 동장대에 올랐다. 숙종은 이때의 감흥을 못이겨 구름이 걸쳐 있는 노적봉과 백운대를 바라보며 6수의 한시를 남겼다.

북한산성은 세월이 흐르면서 천험의 요새로서의 이점과는 반비례하여 관리 운영상의 많은 부작용으로 당초의 중요성은 뒤로 밀린 채 원성만 늘어갔다.

위급할 때 도성 백성을 모두 이끌고 북한산성에 들어가 지구항전을 펼치겠다는 확고한 국방 정책이 영조 시대에 와서는 종묘 사직과 백성을 위하여 도성을 꼭 지켜야 한다는 정책으로 바뀌었다. 또한 우리나라에서 지킬 만한 성은 강화도와 남한산성에 불과하다느니 또는 단기전을 치를 때는 남한산성이, 지구전을 하려면 강화도가 유리하다는 생각이 지배적이었으며 급기야는 쓸모없이 원성만 사고 있는 북한산성을 폐지할 것을 요구하는 일까지 생겼다. 영조 22년에는 수성절목(守城節目)을 만들어 위급할 때 모든 백성들이 힘을 합쳐 도성을 수호하도록 하는 한편 성 밖에 있는 창고를 모두 성 안으로 옮기도록 하였다.

북한산성은 고종 말기까지 유지되어 왔으나 갑오 개혁 이후 급격히 우리의 관심 밖으로 멀어졌다. 모든 제도가 바뀌며 승군 제도가 폐지되었고 의병 전쟁, 군대 해산, 일제에 의한 강제 합병 등 큰 변혁기를 맞아 몰락하는 운명을 맞게 된 것이다.

이후 100년 이상 우리의 관심 밖에 있는 동안 돌로 된 성벽만 남겨 놓은 채 모든 시설물은 사라지고 원시의 자연 상태를 방불케 할 만큼 잡목과 풀섶 속에 묻혀 있다. 다행히 서울시에서는 서울 정도 600년 기념 사업으로 1990년부터 모두 42억 원을 투입하여 북한산성 제모습 되찾기 사업을 야심차게 추진하고 있다.

현재 대남문, 대성문, 대동문의 문루와 주변 성첩에 대한 복원과 보국문의 정비 공사가 완료되었다. 5개년 계획으로 추진해 온 복원 사업은 1994년에 대남문과 대동문 사이의 성곽 800미터 보수를 끝으로 1단계 사업이 모두 완료되며, 1995년 이후에는 2단계로 동장대(東將臺) 및 여러 암문과 성곽의 복원이 기대된다.

성문

북한산의 계곡을 따라 올라가면 어김없이 성문을 만나게 된다. 숙종 37년 축성 당시 수문(水門), 서암문(西暗門), 북문(北門), 백운봉 암문(白雲峰暗門), 용암 암문(龍岩暗門), 소동문(小東門), 동암문(東暗門), 대동문(大東門), 소남문(小南門), 청수동 암문(靑水洞暗門), 부왕동 암문(扶旺洞暗門), 가사당 암문(袈裟堂暗門), 대서문(大西門) 등 13개의 문을 완성하였으며, 숙종 40년에는 중성(重城) 축조 때 중성문(中城門), 시구문(尸柩門), 수문(水門) 등 3개의 문을 추가로 만들어 모두 16개에 이르렀다.

육축을 갖추고 정형의 홍예 형식을 한 대서문(복원), 북문, 대동문(복원), 대성문(복원), 대남문(복원), 중성문에는 문루가 있었던 흔적으로 초석이 남아 있으나 서암문, 백운봉 암문, 용암 암문 등 작은 규모의 암문에는 당초부터 문루가 없었다.

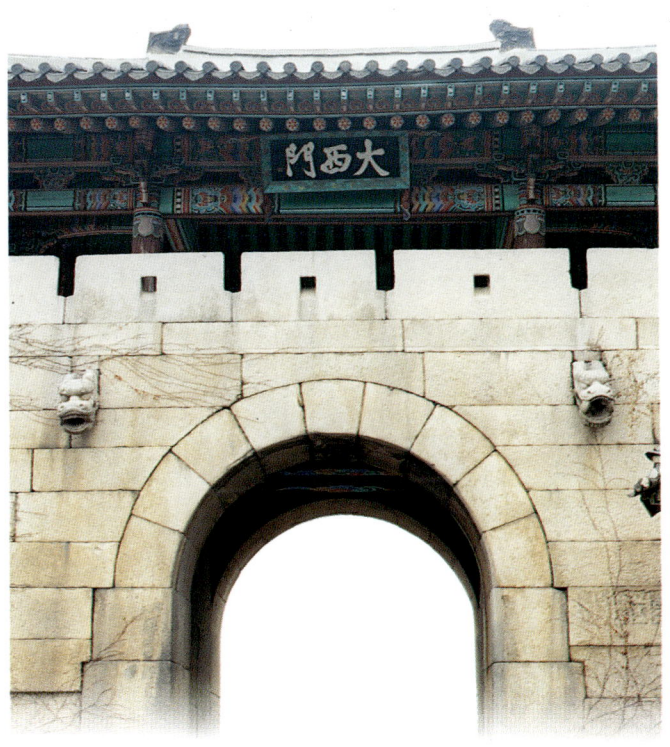

성문 성문은 개구부, 육축, 문루, 문비 등으로 되어 있다.

　성문에 남아 있는 초석(礎石)을 살펴보면 각기 독특한 모양을 하고 있다. 대서문과 중성문은 원형, 북문과 대성문은 단주형(短柱形), 대동문과 대남문은 팔각주형(八角柱形)의 모양을 하고 있다.

　홍예형의 큰 문 6개소에는 대서문과 동일한 구조와 형식을 갖춘 우진각 지붕의 단층 문루가 있었으며, 문루 기둥을 받치는 초석은 다 같이 10개로 구성하여 정면 3칸, 측면 2칸을 이루고 있다. 이와 함께 가운데 부분의 초석 4개 사이에는 마루를 설치하였는데 대서문, 대성문의 경우는 나무마루로, 대남문은 판석(板石)마루로 복원하였으나 나머지 성문의 구조를 살펴보면 당초 대동문은 판석마루, 북문과 중성문은 나무마루로 시설하였음을 짐작할 수 있다.

성문 출입구를 보면 큰 문이나 암문을 불구하고 내측이 외측보다 상당히 높고 넓게 하였음을 볼 수 있는데, 이는 외부로부터 문짝의 고정 부분이나 틈을 보이지 않게 하여 문짝을 보호하기 위함이다. 특히 문루가 있었던 큰 성문의 출입구를 보면 내측이 외측보다 폭이 약 60센티미터, 높이는 약 10센티미터 가량 크다. 문짝은 성문 크기에 관계없이 나무 문을 2개 달아 여닫도록 하였다. 목재 판문에는 앞뒤로 철엽(鐵葉)을 씌워 화공(火攻) 등에 대비하였고 안쪽에서 걸어 잠글 수 있게 하였으며, 천장과 바닥에는 고정 시설과 함께 빗장인 장군목을 끼울 수 있게 양쪽 벽면에 큰 홈도 파 놓았다.

암문은 적의 눈에 잘 띄지 않는 은밀한 곳에 상대적으로 작은 출입구를 냈으며, 문루를 세우지 않았고 외부에서 식별되는 시설도 하지 않았다. 특히 북한산성의 경우 지형이 험난하여 암문을 설치하기에 적합하며 부왕동 암문, 가사당 암문 등은 높고 험한 능선에 위치하여 초행길에는 찾기가 어려울 정도이다.

「비변사등록(備邊司謄錄)」과 「북한지(北漢誌)」에 나오는 당시의 성문 규모는 다음과 같다.

비변사등록(1711년)	북한지(1745년)		
1. 수문(높이 16×폭 50척)	1. 북문		
2. 북문(11×10척)－홍예	2. 대동문		
3. 서암문(7×7척)	3. 대서문	(11-13×13-14척)	
4. 백운봉 암문(6척3촌)	4. 대성문	홍예, 초루	
5. 용암 암문(6척5분×7척5분)	5. 중성문		
6. 소동문(9×10척)－홍예	6. 소동문(홍예)		
7. 동암문(6척6촌×6척5촌)	7. 소남문(홍예)		
8. 대동문(13×14척)－홍예	8. 서암문		
9. 대서문(11×13척)－홍예	9. 백운봉 암문		
10. 청수동 암문(7×7척)	10. 용암봉 암문	고저불일치	
11. 부왕동 암문(9×8척)	11. 동암문		
12. 가사당 암문(7×7척)	12. 청수동 암문		
13. 소남문(11×11척)－홍예	13. 부왕동 암문		
	14. 가사당 암문		
	15. 수문(16×50척)		

「비변사등록」가운데 축성 완료 뒤인 숙종 37년 10월의 북한축성
별단(北漢築城別單)의 내용을 보면 훈련도감에서는 수문, 북문, 서암
문, 백운봉 암문을, 금위영에서는 용암 암문, 소동문, 동암문, 대동문
을 그리고 어영청에서는 대서문, 청수동 암문, 부왕동 암문, 가사당
암문, 소남문을 각각 축성한 것으로 되어 있다. 그러나 축성한 지
35년이 지난 영조 21년(1745) 승 성능이 저술한 「북한지」에 의하
면, 위의 13개의 성문말고 대성문과 중성문이 나오는데, 중성문은
축성 이듬해 착수, 2년 만에 완공을 보았다는 기록이 있어 문제가
되지 않으나, 유독 대성문에 대해서는 축조 시기가 모호하다.

「북한지」는 성능이 도총섭의 직책을 서윤(瑞胤)에게 인계하며
산성에 관한 사항을 종합적으로 기록한 책으로 북한산성 연구에
큰 도움을 주고 있으나, 여러 곳에서 오자나 오류가 발견됨은 안타
까운 일이 아닐 수 없다. 따라서 성문을 「북한지」와 비교해 보면
일치하지 않는다. 성문의 명칭은 세월이 흐르면서 자연스럽게 별칭
이 붙겠지만 있어야 할 성문이 없는 것은 달리 설명할 방도가 없
다. 금위영에서 축조한 4개 성문에 대한 축조 시기와 문의 이름에
대해서는 검토가 요구된다.

숙종 41년(1715)에 세운 '금위영이건기비(禁衛營移建記碑)'를
보면 금위영 관할에 성문이 4개 있는데, 대동문과 소동문에는 문루
가 있으며 또한 암문이 2개가 있다고 밝히고 있는데 이는 「비변사등
록」의 내용과 일치한다.

대성문 육축 전면 상단을 살펴보면 무사석에 "금영 감조패장
장태흥(禁營 監造牌將 張泰興)" "석수편수 김선운(石手邊首 金善云)"
이라고 새겨져 있는데, 「비변사등록」 63책 가운데 축성에 참여한
주관 당상(主管堂上), 낭청 등 책임자의 성명을 보면 "장태흥 겸동
대동문(張泰興 兼董 大東門)"이라 한 것으로 보아 현재의 대성문이
당시에는 대동문이 아니었나 하는 생각이 든다. 이와 함께 대동문

내벽에 각자된 글 가운데 감독자 "한세흠(韓世欽)"은 「비변사등록」의 소동문 감독자와 일치한다.

이상의 내용으로 볼 때, 당시 금위영에서 축조한 용암 암문, 소동문, 동암문, 대동문은 명칭만 다를 뿐이지 현재에도 변함없이 남아 있는 것이다.

필자의 견해로는 현재 보국문으로 부르고 있는 암문은 동암문, 대동문으로 부르고 있는 문은 소동문, 대성문으로 부르고 있는 문은 대동문이 아닐까 생각된다. 그 이유로 「비변사등록」에 의하면 대동문이 제일 큰 성문(13×14척)으로 나오는데, 실측해 본 결과 현재의 대성문이 성내 최대의 문으로 조사되어 이를 뒷받침하고 있다.

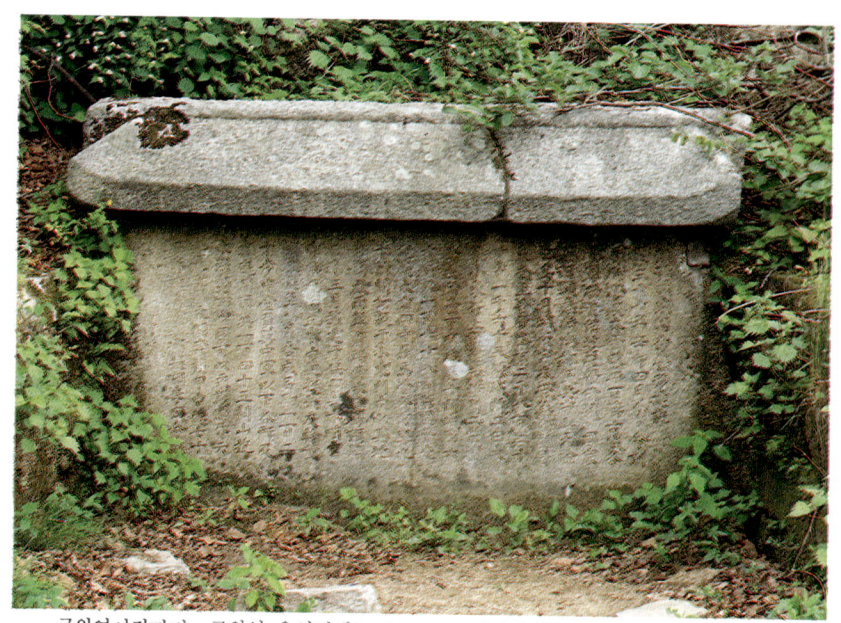

금위영이건기비 금위영 유영터에는 245×150센티미터 크기의 비가 있다. 이 비는 숙종 41년(1715) 도제조 이이명이 당초 소동문 안에 건립한 금위영 유영을 이곳으로 옮겨 짓고 이를 기념하기 위하여 세운 것이다.

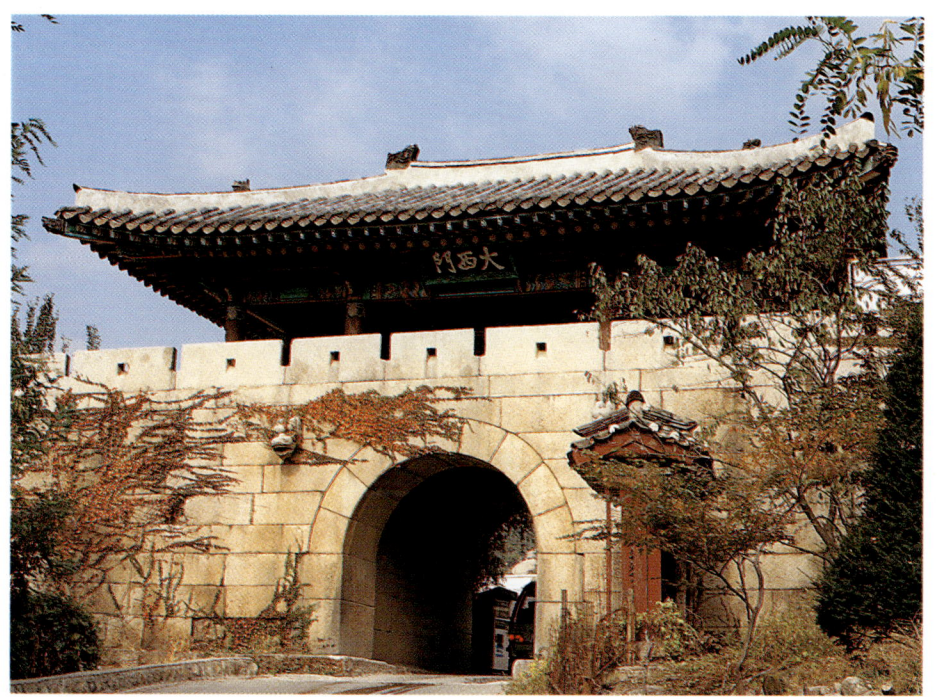

대서문 전경   문루가 일제 말기에 파손된 채 방치되어 오던 것을 1958년 당시 최헌길 경기도지사가 698만 환을 들여 문루를 복원하고 우마차가 겨우 다니던 오솔길을 확장, 오늘에 이르고 있다.

대서문

북한산성의 중심이 되는 대서문은 해발 150미터 높이의 낮은 구릉지에 서쪽을 향하고 있다. 성 안 북한동 주민들이 대대로 이용하던 애환이 깃든 문으로 1950년대까지만 해도 나무를 해다 달구지에 싣고 새벽부터 이 문을 통하여 서대문 영천에 내다 팔았다고 전한다.

또한 이 일대는 살구나무가 많아 이른 봄철이면 화사한 살구꽃을 보기 위한 상춘객들로 붐비었으며 성곽을 배경으로 한 풍경이 아름다워 문인, 화가 등 예술가의 발길이 끊이지 않았던 곳이다. 30, 40대 이상 연령층은 대부분 한두 번 소풍 간 기억이 있어 어린 시절의 소중한 추억을 간직한 곳이기도 하다.

대서문은 홍예 형태의 성문으로 문루를 갖추고 있다. 문루는 우리나라 전통 건축 양식에서 흔히 볼 수 있는 우진각 지붕으로 전면 3칸, 측면 2칸에 사면이 개방되어 있고 단층으로 아담하게 건축되어 있다. 육축은 무사석(武砂石)으로 아주 정교하게 수축하였으나 전쟁의 상처로 보이는 흔적이 전면에 크게 보이며 내부에는 차량 진동으로 인하여 벽석이 균열되는 등 파손이 심화되고 있다.

육축 위에는 몸을 숨기고 총포를 쏠 수 있는 문루 여장(門樓女墻)을 전면에 10개 두었는데 일반 성벽의 여장과는 달리 한 덩어리의 화강암으로 된 평여장(平女墻)이며 총구가 아래로 향한 근총안(近銃眼)을 1개씩 둔 것이 독특하다.

현재 문루는 복원된 반면 문짝과 문루 양편의 협문(夾門), 담장은 아직 복원이 이루어지지 않고 있으며 지붕마루와 추녀마루의 일부가 풍우로 쪽이 떨어져 나가는 등 훼손이 심화되고 있어 최근 부분적인 보수가 이루어졌다.

수문

대서문 아래 중흥 수구(重興水口)에는 폭 50척, 높이 16척 규모의 수문이 있었다. 이를 영조척으로 환산하면 폭 15.5미터, 높이 5미터에 이르는 큰 규모이나 오래 전에 소멸되어 흔적을 찾을 길이 없고 양편에 있는 성벽을 보고 위치를 가늠해 볼 뿐이다.

수문의 모양은 폭이 약간 크므로 2, 3개의 연속 홍예를 갖춘 교량형으로 만들어 동대문 옆의 수문이나 홍지문(弘智門) 옆의 오간대 수문과 유사했을 것이다.

북한산 초등학교 앞에 사는 손은돌 옹(76)에 의하면, "1915년

8월로 기억되는 대낮의 집중 폭우 때 중성의 수문이 터지면서 밀려온 물의 수압으로 이곳의 수문도 터졌다"고 하는 당시 어른들의 말씀을 기억하고 있으며, 어렸을 때에 개천에 나가 보면 떠내려온 성돌과 장대석이 가득했다고 한다. 이때 노적봉 기슭의 산사태로 인하여 중흥사 터에 있던 일본군 헌병 부대가 흔적도 없이 유실되고, 동장대를 비롯한 여러 건물과 시설들이 붕괴되었으며, 범람한 급류가 가옥을 휩쓸어 재산과 인명 피해도 상당했다고 한다.

서암문

수문에서 원효봉으로 오르는 해발 180미터 기슭에 위치한 서암문은 성내에서 생긴 시신을 내보내던 문이라 하여 주민들은 시구문(尸柩門)이라 부른다.

구조를 살펴보면 대부분의 암문 출입구가 네모난 반면 이 문은 안팎이 일종의 홍예 형태를 갖추고 있는데 대서문과 같이 홍예돌을 역학적으로 조화롭게 쌓은 것이 아니라 장대석을 둥글게 다듬어 올려 놓은 것이다.

서암문은 대서문과 마찬가지로 지형이 낮고 험하지 않으므로 방어상 취약지임을 감안 주변 성벽을 고축하고 치(雉)의 기능을 수행할 수 있도록 성문과 연결된 성벽을 ㄱ자 모양으로 돌출시켜 접근하는 적을 측면에서도 공격할 수 있도록 하였다.

북문

북문은 원효봉과 영취봉 사이의 해발 430미터 지점의 안부(鞍部)에 홍예 형태의 출구를 갖춘 큰 문으로 축조되었다.

문루는 오래 전에 소멸되었고 육축 상단을 마감한 장대석은 전부 무너져 내려 홍예돌 윗부분이 완전 노출된 채 균열이 가속화되고 있으며 상부의 초석도 절반은 없어지고 5개만 위험한 상태로 몸을

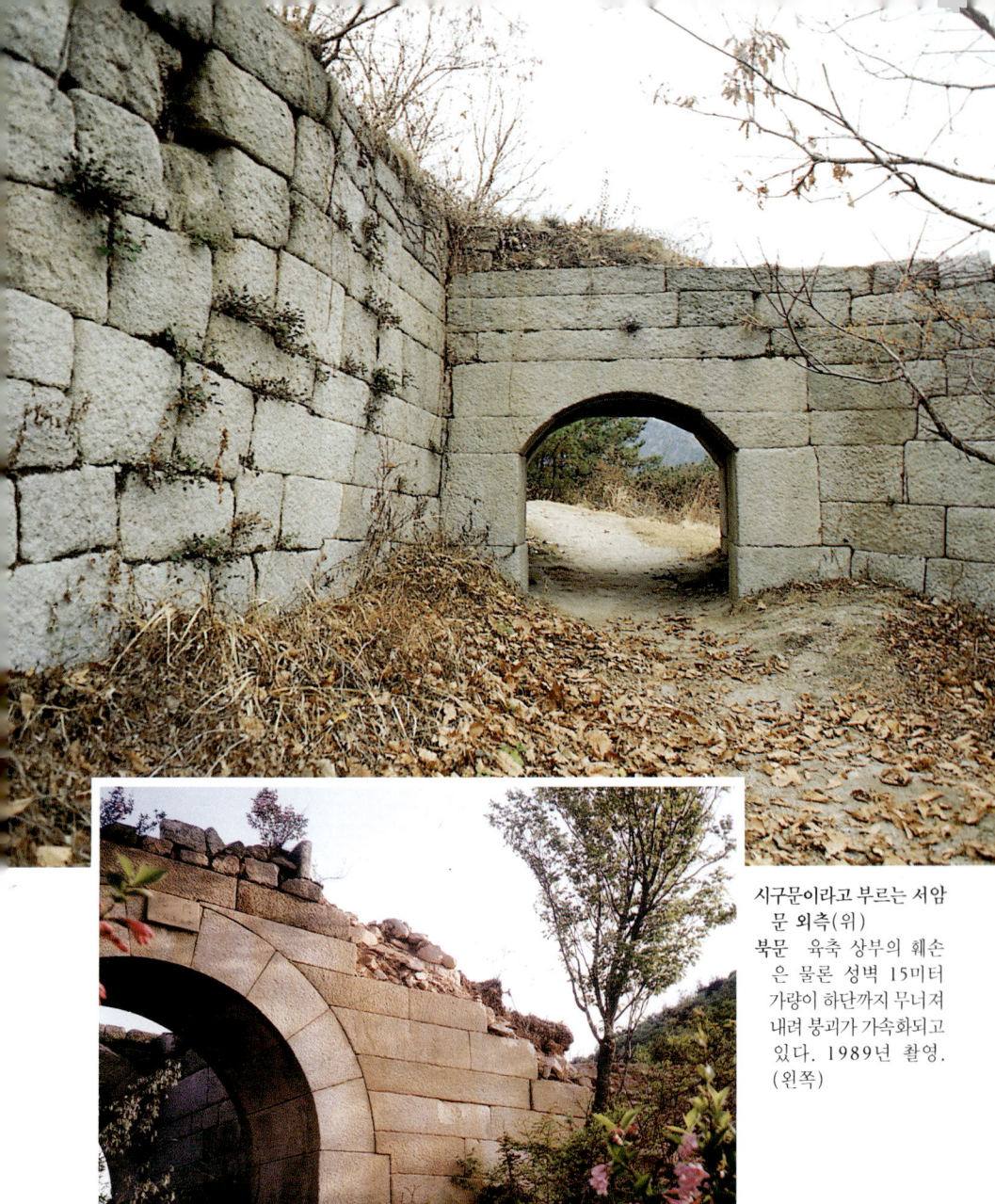

시구문이라고 부르는 서암
　문 외측(위)
북문　육축 상부의 훼손
　은 물론 성벽 15미터
　가량이 하단까지 무너져
　내려 붕괴가 가속화되고
　있다. 1989년 촬영.
　(왼쪽)

지탱하고 있는 실정이다. 더욱이 1988년 큰 비에 육축을 포함한 성벽 약 15미터가 붕괴되어 성문 자체를 크게 위협하였으나 1993년 부분적인 보수가 이루어졌다.

한편 '북한도(北漢圖)'에는 문루가 보이지 않는 것으로 볼 때 약간 늦게 건립하였거나 또는 몇 차례 화를 입은 것으로 추정된다.

백운봉 암문

일제 때부터 위문(衛門)으로 불리던 백운봉 암문은 백운대와 만경대 사이의 안부에 있으며 성문 가운데 가장 높은 곳에 자리하고 있다. 출입구는 네모난 형태이며 여느 암문과 마찬가지로 문루는 당초부터 없었으나 문짝을 달았던 흔적은 남아 있다. 출입문 주위는 대체적으로 양호하나 여장을 비롯한 상단의 성돌이 무너져 내려 높이가 상당히 낮아져 있다.

이 암문은 백운대 정상을 앞두고 반드시 들러 땀을 식히는 곳인데 약수로 갈증을 풀며 노적봉과 영취봉 사이의 일직선으로 뻗은 계곡을 감상하는 기분이란 오직 북한산을 사랑하는 사람들만이 얻는 기쁨일 것이다.

용암 암문

용암봉 암문 또는 용암문이라고도 부르는데 용암봉 기슭 해발 580미터 지점에 위치하여 도선사, 북한산장, 노적봉을 연결하며 옛날에는 중흥사, 태고사로 통하는 길목이기도 하였다. 이 문도 백운봉 암문과 같은 구조와 형태를 갖추고 있으며 훼손 상태도 아주 유사하다.

한편 부근에는 과거 이 일대 수비를 담당하던 용암사(龍岩寺)가 있었는데 폐사되어 무너진 탑과 석축이 남아 있으며 지금은 북한산장이 자리하여 많은 등산인들의 휴식처로 사랑을 받고 있다.

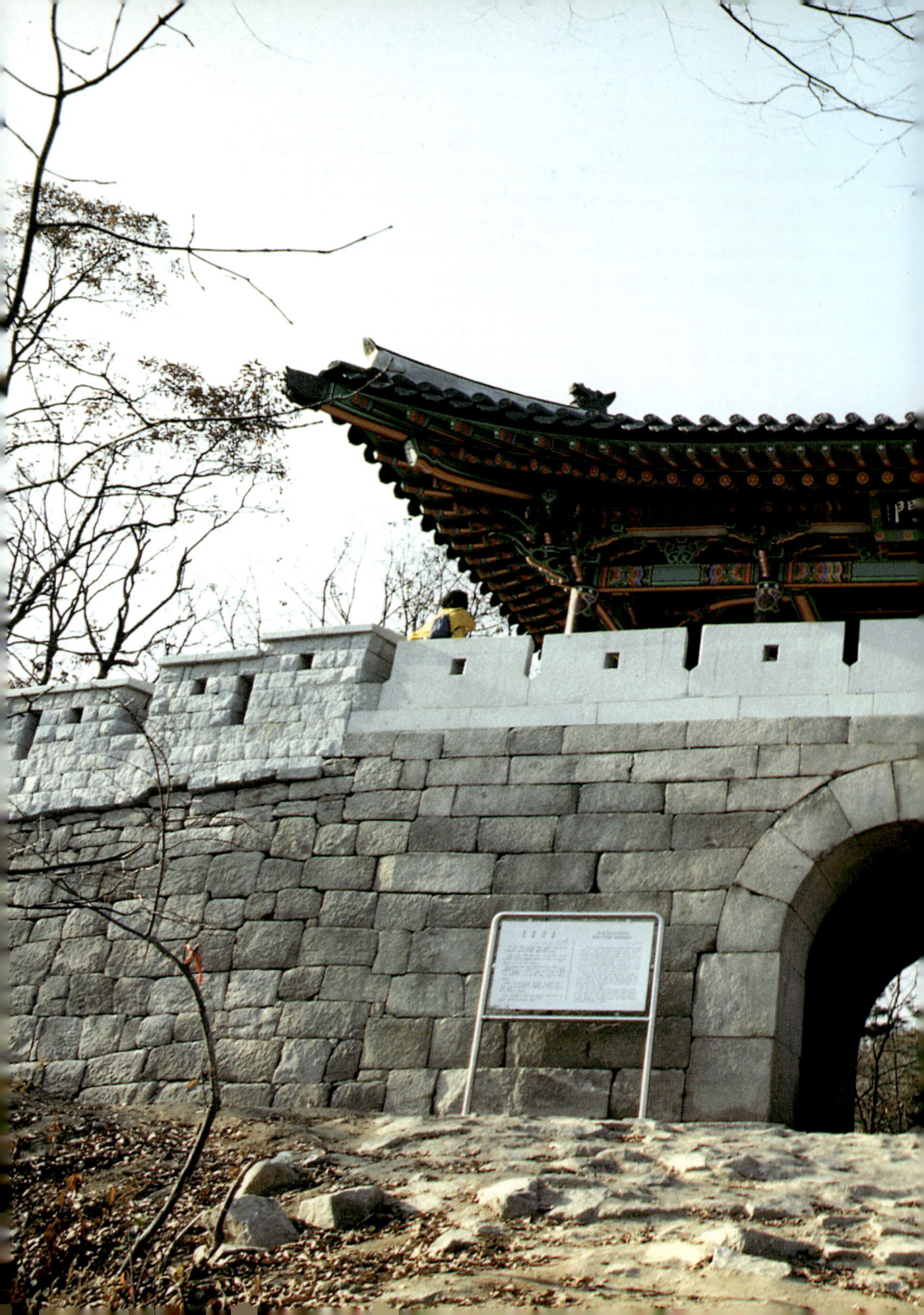

대동문의 복원 전후 모습 성문 내부에는 "禁衛營 自龍岩至普賢峯 二千八百二十步……" 라는 명문이 있다.

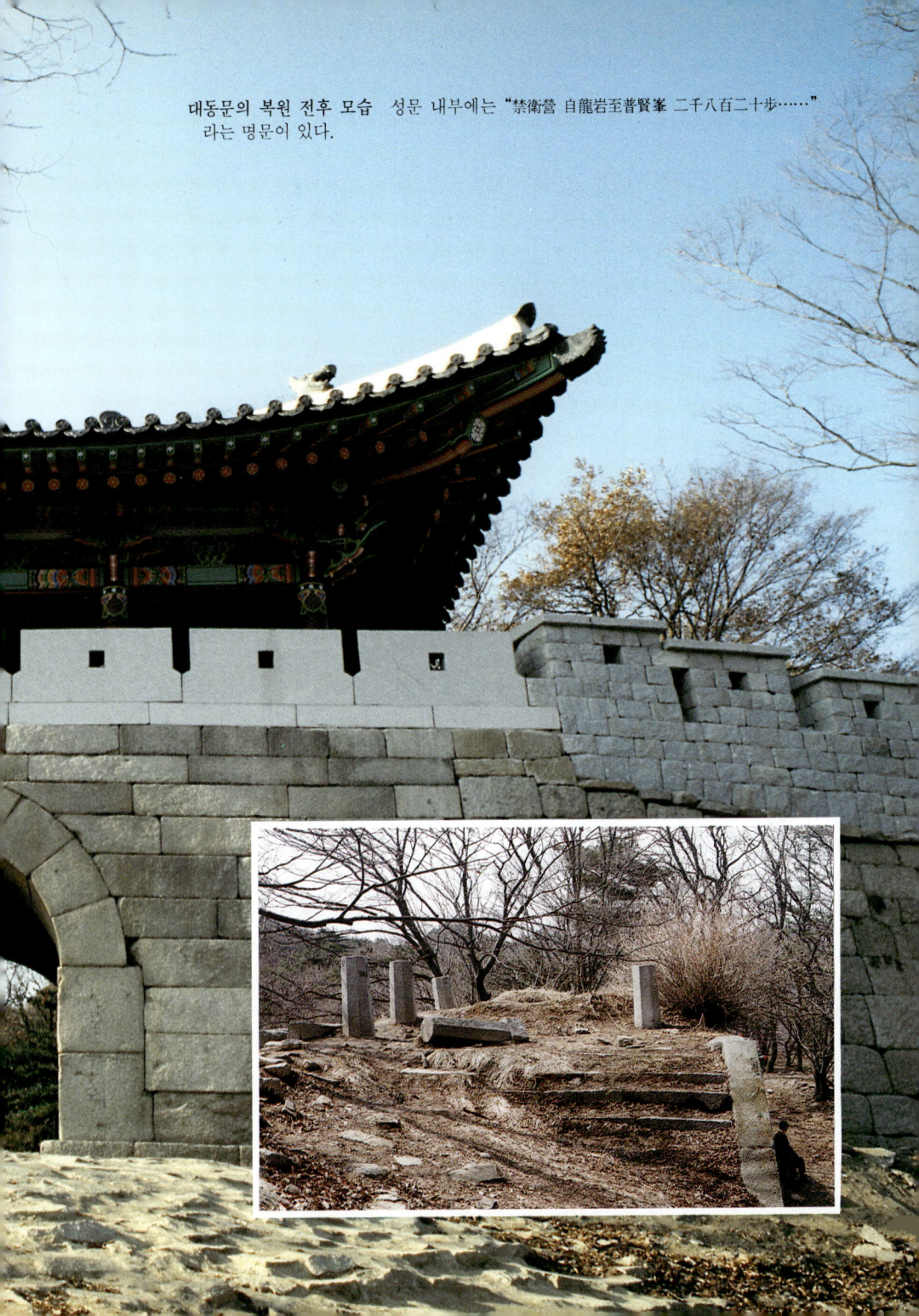

대동문

대동문은 우이동 진달래 능선이 끝나는 해발 540미터 지점에 위치하고 있으며 대서문과 같은 큰 문이다.

복원되기 전에는 1.4미터 높이의 장주형 초석 10개 가운데 7개만 제자리에 있었고 3개는 바닥에 떨어져 있었으며 성문 외측은 바짝 붙어 있는 큰 나무의 뿌리 때문에 육축의 상당 부분이 균열되어 있었다.

앞에서도 언급이 있었지만 이 문이 과거 소동문이 맞는다면 금위영이건기비의 내용을 유추해 볼 필요가 있다. 비문을 보면 "당초 금위영을 소동문 안에 세웠으나 지세가 높고 비바람이 세어 무너질 위험이 있으므로 숙종 41년 보국사(輔國寺) 아래로 옮겨 지었다"라는 말이 나온다.

현재 대동문 안쪽은 넓은 터에 건물이 있었던 흔적이 여러 곳에서 보이며 지반이 상당히 높아져 있음을 볼 때 더욱 심증을 굳혀 준다.

서울시에서는 북한산성 복원 사업 3차년을 맞아 대동문과 보국문 복원을 착수하였다. 대동문은 사업비 11억 6,700만 원을 들여 1993년 10월에 문루 32.07제곱미터, 주변 성곽 48미터를 복원하고 이와 함께 대남문, 대성문 주변 성곽 137미터도 복원를 마쳤다.

보국문

사찰 보국사가 아래에 있었기에 보국문(輔國門)이라 부르는 모양인데 해발 567미터의 높은 지점에 위치하여 정릉을 내려다보고 있다. 보국문은 동쪽에 있는 암문으로서 당초에는 동암문이라 하였으며 대동문과 보국문 일대의 옛 지명은 석가령(釋迦嶺)이다.

서울시에서는 1993년에 사업비 1억 1,200만 원을 들여 육축을 해체 보수하고 문루 여장 복원과 주변을 함께 정비하였다.

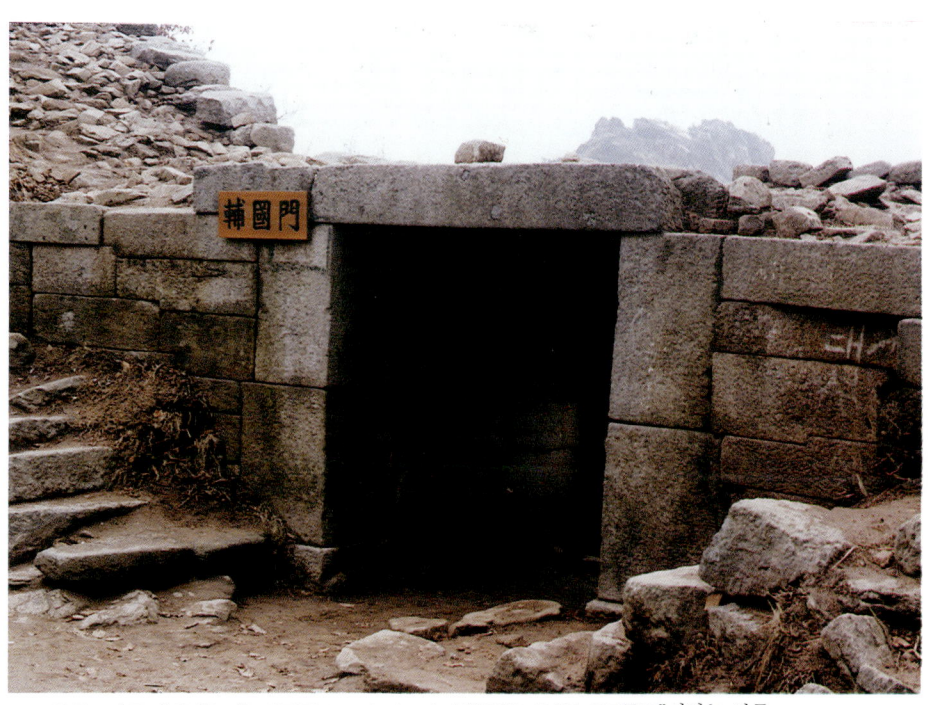

보국문　성문 내부에는 "禁營□□ 千一百八十六步 辛卯四月日始役九月日畢役"이라는 명문이 있어 금위영에서 수축한 거리와 공사 기간을 말해 주고 있다. 1989년 촬영.

대성문

대성문은 보현봉과 연결된 해발 625미터 지점에 위치하여 완만한 경사를 이루며 형제봉을 거쳐 보토현(補土峴)과 이어진다. 이 문은 우선 주변 여건을 검토해 볼 때 그 중요성은 크지 않은 듯하나 규모는 성문 가운데에서 가장 크다.

보토현을 경유하여 경복궁과 행궁(行宮)을 이어 주는 가장 가깝고 편리한 코스이므로 유사시 임금이 통행할 수 있도록 하기 위하여 큰 문을 설치한 것으로 추정할 수 있다.

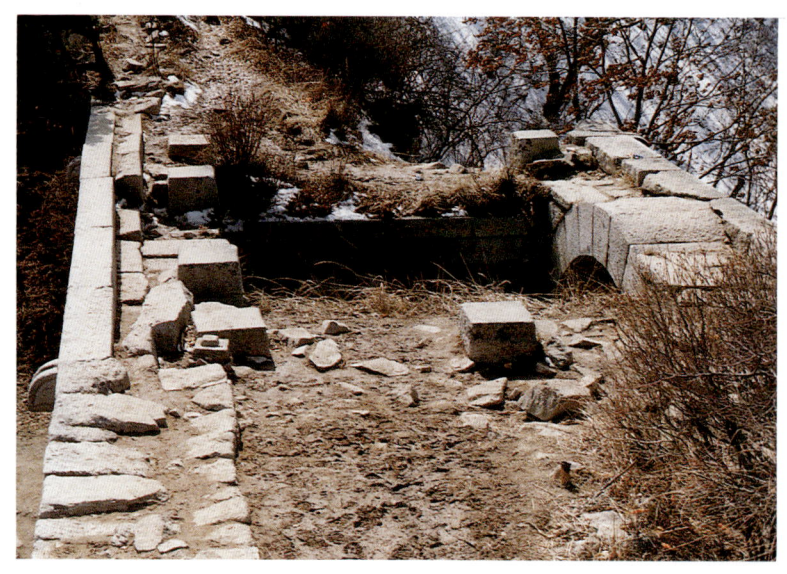

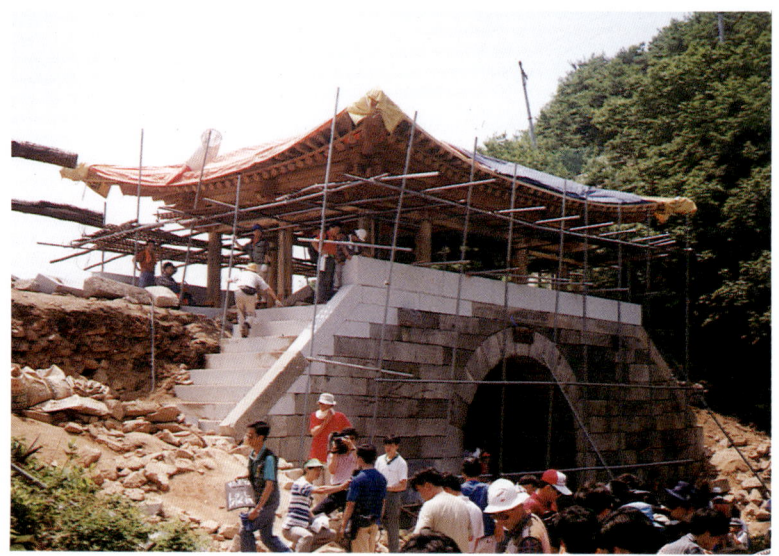

복원 전인 1989년 대성문의 모습(위)
대성문 복원 기와 운반 시민 참여 행사 모습. 1992년 6월 28일 촬영.(아래)

복원되기 전 문 안쪽에는 육축 상단의 성돌과 장대석이 무너져 내려 여기저기 흩어진 채 일부는 동강나고 파손되어 있었으며 일부는 경사면의 계단석으로 사용되기도 했었다.

서울시에서는 3억 6,200만 원을 투입, 1992년에 대성문 복원을 완료하였는데 문루 34.77제곱미터와 대문을 복원하고 육축 좌우의 계단을 정비하였다.

대남문

보현봉과 문수봉 사이 해발 663미터의 높은 곳에 위치한 대남문은 마치 평창동 일대를 긴 팔로 안고 있는 듯한 모습이 색다른 감동을 준다. 대남문은 백운대 쪽에서 바라보면 성문이 보일 듯 말 듯 아득하게 보이며 보현봉에서 백운대를 뒷배경으로 내려다보는 맛도 일품이다.

이 문은 대동문과 구조가 흡사하다. 육축 위의 마루는 판석으로 깔려 있으며 문루 기둥은 팔각의 장주형으로 세워져 있다. 복원되기 전에는 10개의 초석 가운데 제자리에 5개만 남겨 놓은 채 여기저기 굴러다녀 무심한 세태를 원망케 했었다. 서울시에서는 1991년부터 시작한 북한산성 복원 첫사업으로 대남문 복원 공사를 착수했다.

복원 때에는 한 장에 2 내지 4.5킬로그램 되는 기와를 시민들이 손수 나르는 등 복원을 기대하는 열의가 대단했었다. 이때 문루 복원 37.66제곱미터, 문루 여장 30미터, 성곽 보수 22미터가 이루어졌으며 사업비는 3억 3,800만 원이 소요되었다.

청수동 암문

대남문을 지나 북서쪽으로 길게 뻗은 능선에는 청수동, 부왕동, 가사당 암문이 있으나 현재는 잊혀진 이름으로 생소하다.

청수동 암문은 문수봉과 나한봉 사이의 해발 694미터 지점에

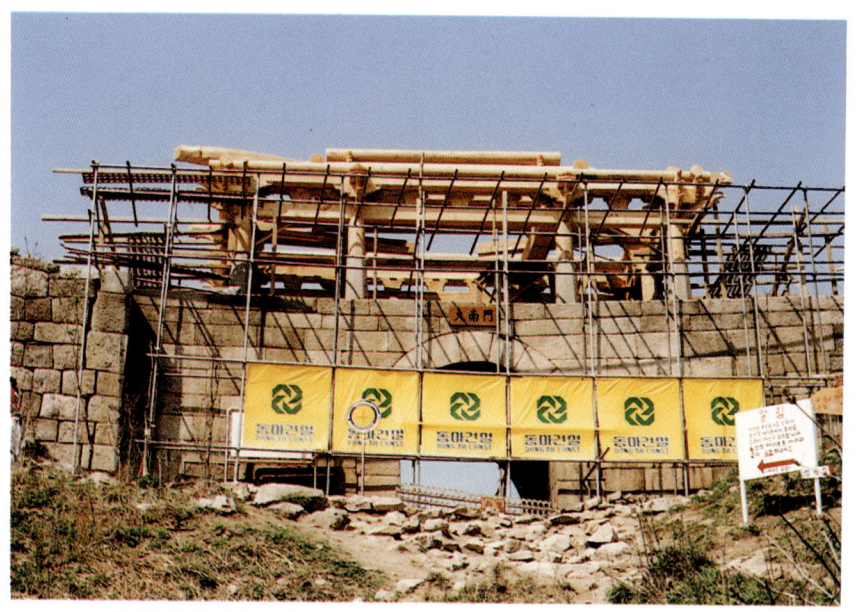

대서문 복원 이후 서울시에 의해 33년 만에 복원중인 대남문. 1991년 5월 촬영.

위치하여 승가사 뒷산 능선에 있는 비봉(碑峯)과 연결되어 대남문과 부왕동 암문 방향으로 갈라지는 요충지인데 이 문도 여느 암문과 마찬가지로 네모난 출입구를 갖추고 있으며 문짝을 달았던 흔적이 남아 있다.

성문 외부를 관찰하면 문을 구성하는 장대석 위로 성돌을 3단 높이로 쌓고 그 위에 다시 여장을 두었던 흔적이 남아 있으며 문 안쪽에는 성돌을 1단만 쌓아 외측이 내측보다 높게 하여 경사를 이루게 함으로써 방어상 용이하도록 하였다.

이 문은 외관상 양호하게 보이나 출입구 내부를 살펴보면 내측 벽석(壁石)이 기울면서 천장석이 20센티미터 가량 틈새가 크게 벌어져 붕괴 우려가 심각하다.

부왕동 암문

청수동 암문에서 대서문에 이르는 줄기는 급격히 낮아지며 험난하여 성벽을 쌓지 않은 곳도 상당 구간이나 굽이굽이 이어진 모습이 보는 이를 반겨 준다.

이 일대에서 내려다보면 아득하게 삼천동(三千洞)의 산계가 눈앞에 펼쳐지고 좌측으로는 나한봉을 비롯한 연봉들이 까마득하여 마치 신선이 되어 심산 유곡에 들어와 있는 기분에 빠져든다. 길이 이어질 듯 끊어질 듯한 능선과 벼랑 사이를 한 시간 정도 정신없이 더듬다 보면 갑자기 평탄한 지대 속으로 꽤 큰 성문이 나타난다.

거리로 보면 청수동 암문과 대서문의 중간쯤 되는데 해발 521미터 지점에 위치하여 좌측 계곡으로 내려가면 삼천사(三千寺)와

청수동 암문의 문지석(門持石) 문지석이란 문을 닫을 경우 문짝의 양쪽이 걸리어 멈추게 하는 돌을 말한다.

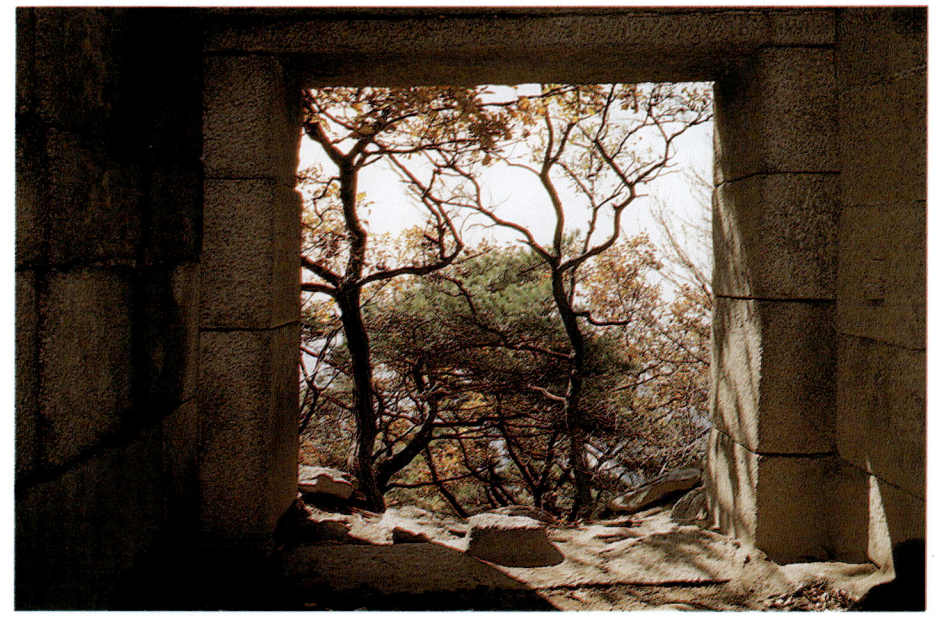

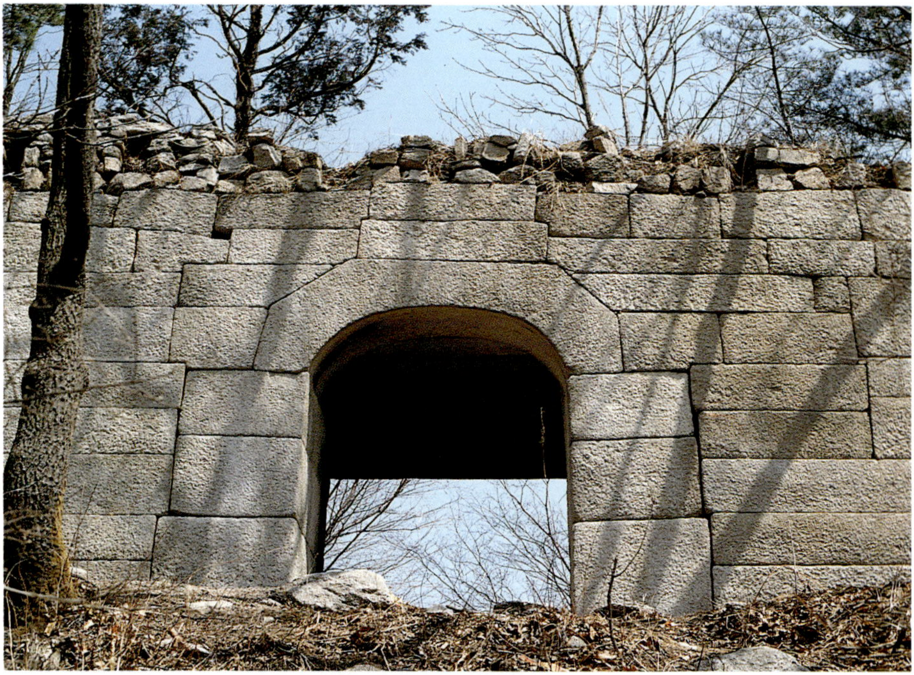

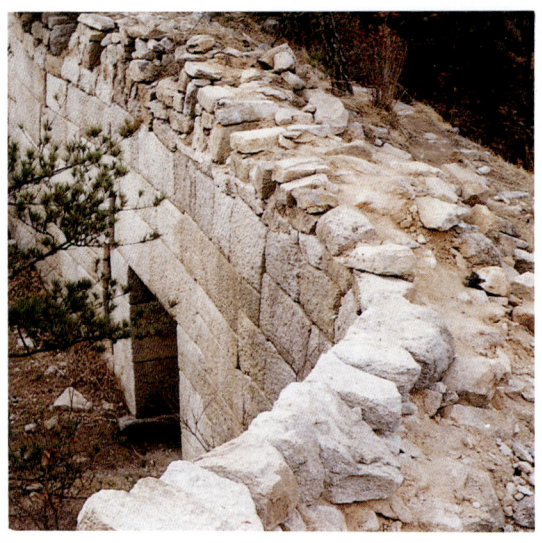

부왕동 암문 외측 문 외측 상단을 보면 '소남문(小南門)'이라는 음각 명문이 남아 있으나 여러 정황으로 미루어보아 부왕동 암문임이 확실하다.(위)

가사당 암문 외측 대서문에서 시작한 성문 답사는 이 문이 종점이다.(왼쪽)

진관사(津寬寺)가 나오고 오른쪽 계곡으로 내려가면 부왕사(扶旺寺) 터가 나온다.

부왕동 암문은 과거 원각사가 있었기에 흔히 원각문(元覺門)이라고도 불리는데 나월봉과 증취봉 사이의 험준한 능선에 잘 감추어져 있어 신비스럽기 그지없다. 암문 가운데에서 제일 규모가 커서 폭에서는 16 내지 54센티미터, 높이에서는 53 내지 81센티미터 차이를 보여 폭이 2.54미터, 높이가 2.83미터에 이르고 있다.

성문 외부는 독특한 홍예 형태를 취하고 있어 신선한 자태를 뽐내고 있으며 내부 성돌 틈은 석회로 마무리함으로써 어느 문보다도 새로운 모습을 보여 준다. 한편 주위 100여 미터 구간에는 원형에 가까운 여장이 남아 있는데 다른 지역에서는 볼 수 없는 석회와 진흙을 사용한 흔적이 있어 눈길을 끈다.

가사당 암문

가사당 암문은 부왕동 암문에서 증취봉과 용혈봉을 넘어 의상봉을 향하다 보면 급하게 경사진 내리막길 아래 해발 448미터 지점에 자리하고 있는데 이곳에서 성 밖으로 내려가면 중골이 나오고 성내 계곡으로 내려가면 국녕사를 경유하여 성내 주차장이 나온다.

성 안에 국녕사가 있기에 흔히 국녕문(國寧門)으로 불리는데 아직까지도 고풍스런 맛을 그대로 보여 주고 있다. 보존 상태는 대체로 양호한 편이나 상부의 여장과 토축한 부분이 무너져 내려 미관을 해치고 있다.

지금까지 숙종 37년(1711) 축조된 13개의 성문에 대하여 대서문을 출발하여 시계도는 방향으로 가사당 암문까지 모두 살펴보았다. 숙종 40년에 축조된 중성문과 시구문, 수문에 대하여는 중성(重城) 축조편에서 설명하고자 한다.

성벽

체성

북한산성은 6년 동안의 도성 수축 경험을 바탕으로 재래의 축성술을 과감히 탈피하여 근대적 축성 기술을 완성시킨 걸작품이다.

체성(體城)을 살펴보면 예전과는 달리 성돌을 크고 네모 반듯하게 뜨고 면과 모서리를 잘 다듬어 정방형(正方形) 또는 장방형(長方形) 쌓기를 함으로써 축성 기술의 높은 수준을 잘 반영해 주고 있다. 성벽은 체성과 여장으로 구분한다.

북한산성은 각 군문별로 분담하여 총 7,620보(21리 60보)의 체성을 쌓았는데 1보(步)가 약 1.25미터에 해당되므로 약 9,500미터에 달한다.

축성은 지형 조건을 적절히 살려서 고축(高築), 반축(半築), 반반축(半半築), 지축 여장(只築女墻)으로 나누어 쌓았는데 평지는 고축해서 12 내지 14척(3.6 내지 4.3미터)이 되었으며 산기슭은 10척(3.1미터), 능선의 경우 6, 7척(1.9 내지 2.2미터), 산정상 가까운 곳은 반반축, 산정상 일대는 체성 없이 여장만 쌓았다. 그러므로 평지에서는 높은 반면 산지로 올라가면서 점점 낮아져 정상 주위는 여장만 시설하였고 급경사를 이루거나 정상부에는 자연 암반을 최대로 이용, 암반을 다듬어 그 위에 성벽을 쌓기도 하고 아예 시설이 없이 성벽의 한 구간 역할을 하도록 하였다.

훈련도감에서 담당한 수문 북측에서 용암봉까지 2,292보를 살펴보면 수문에서 서암문, 북문에서 영취봉 기슭까지의 성벽은 상당히 견고하게 고축하였다.

수문에서 서암문까지의 약 300미터 구간은 적의 침투 예상로인 서북쪽을 향하고 있을 뿐만 아니라 지역이 비교적 평탄하므로 4미터 이상으로 고축하고 정방형과 장방형 쌓기가 혼합된 형태를 보이고 있다.

　북문에서 영취봉에 이르는 구간은 능선을 따라 뱀처럼 구불구불하게 축조하였는데 구간은 짧으나 쌓은 모습은 마치 예술 작품을 대하는 듯하다. 이 구간에서는 너덜 지대와 같은 거대한 돌더미의 성벽을 볼 수 있다. 외부는 여느 구간과 마찬가지로 잘 다듬은 성돌로 수직에 가깝게 쌓았으나 내측은 성 안쪽의 지대가 낮기 때문에 붕괴를 막고자 넓적한 막돌을 높이 쌓아올려 흡사 돌탑을 보는 듯한데 윗면이 5.5미터, 밑면 15미터, 높이가 8 내지 10미터에 이른다.

　서암문에서 원효봉을 거쳐 북문까지와 영취봉에서 백운대, 만경대, 용암봉에 이르는 구간은 대부분 고지에다 급경사지로 반축이나

대서문 인근의 성벽　면과 모서리를 잘 다듬은 장방형 성돌로 층을 이루어 정교하게 쌓았으며, 성벽 아래에는 지반 보강책으로 쓰인 기단석이 보인다.

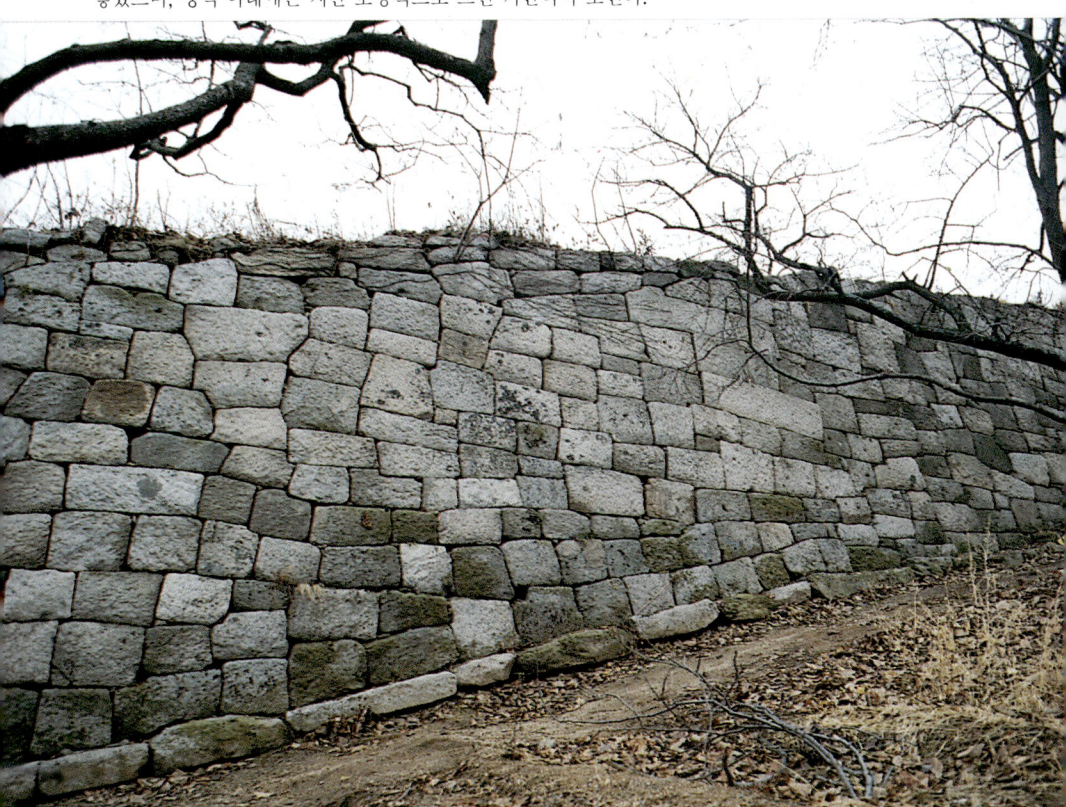

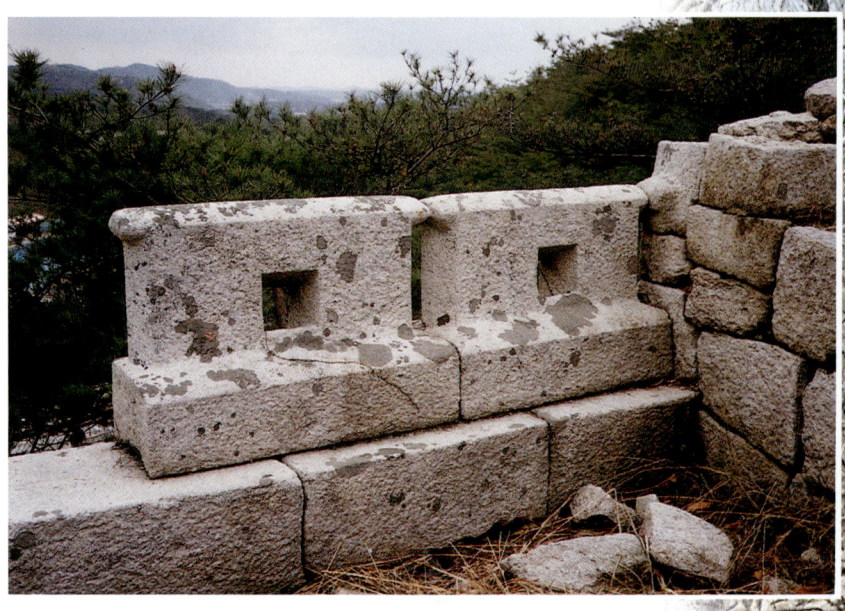

수문 방어 시설 수문은
성벽 일부가 개방된 취
약지임으로 적의 공격
에 대비한 시설이 필수
적이었다.(위)

수구 수문에서 서암문
을 잇는 성곽에 있으며
우수의 배수 역할을 한
다.(오른쪽)

부왕동 암문 인근의 성벽
여장을 갖춘 본래의 모
습을 잘 보여 주고 있
다.(옆면)

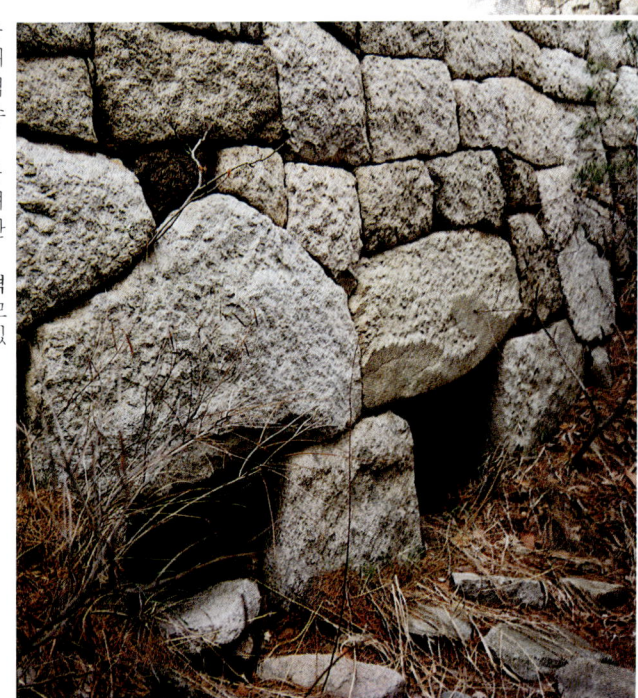

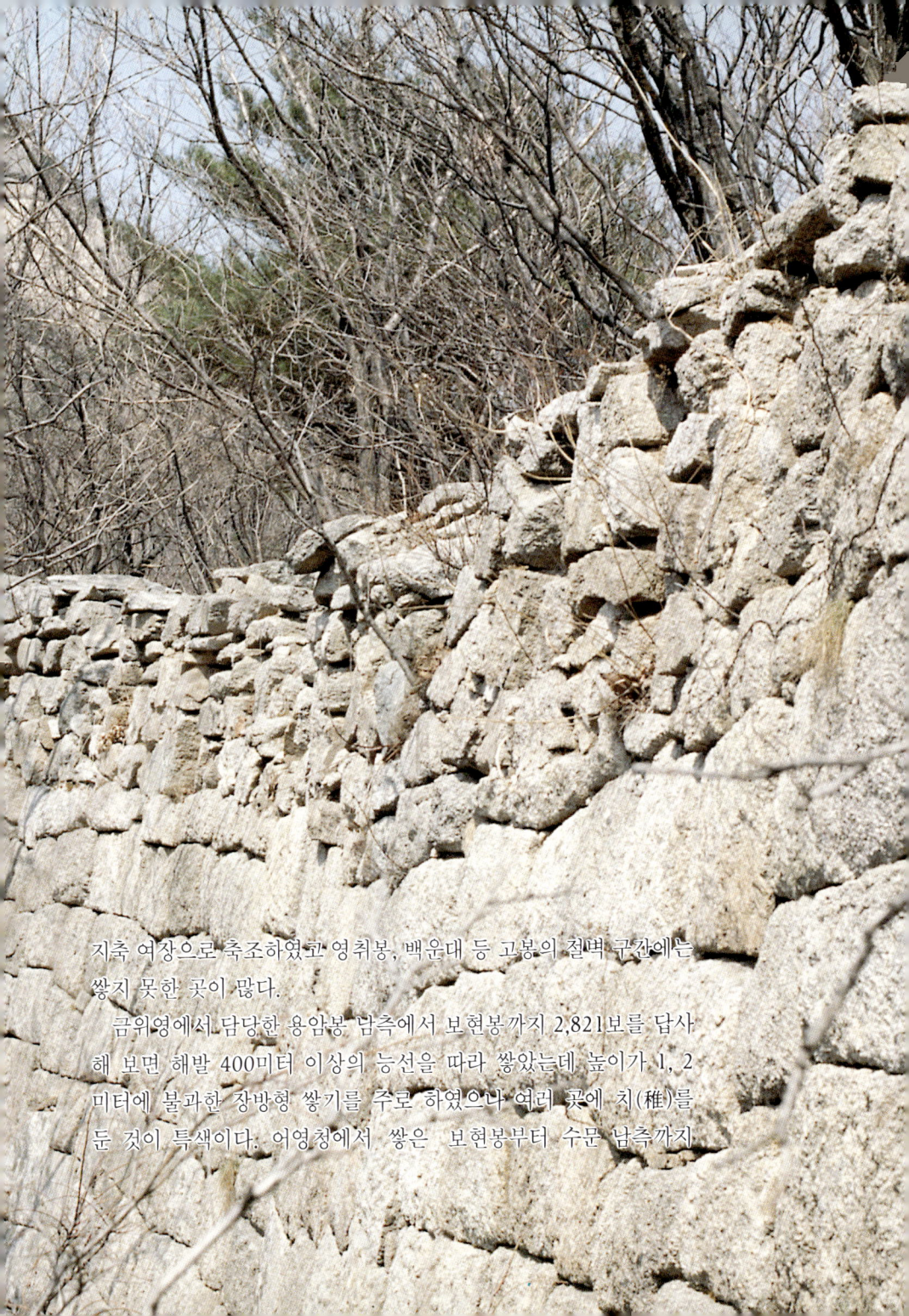

지축 여장으로 축조하였고 영취봉, 백운대 등 고봉의 절벽 구간에는 쌓지 못한 곳이 많다.

금위영에서 담당한 용암봉 남측에서 보현봉까지 2,821보를 답사해 보면 해발 400미터 이상의 능선을 따라 쌓았는데 높이가 1, 2미터에 불과한 장방형 쌓기를 주로 하였으나 여러 곳에 치(稚)를 둔 것이 특색이다. 어영청에서 쌓은 보현봉부터 수문 남측까지

2,507보는 문수봉, 나한봉, 용혈봉, 용출봉, 의상봉 등 험난한 암릉이 많기에 다른 군문보다 지축 여장을 쌓은 곳이 현격히 많은 것으로 볼 때 축성에 참여한 백성들의 고통을 가히 짐작할 만하다.

특히 이 구간에는 대부분 지축 여장이 많으나 고봉 사이의 짧은 안부마다 어김없이 고축한 흔적을 발견할 수 있는데 이는 삼천동 방향의 지대가 평탄하며 적의 우회 침투가 예상되기 때문일 것이다.

한편 대서문에서 수문에 이르는 구간을 보면 잘 다듬은 석재로 층을 이루어 정교하게 정방형 쌓기를 하였는데 전혀 틈을 보이지 않고, 성돌은 다른 지역에서는 볼 수 없는 무사석을 사용하여 평균 4미터 이상 고축하는 등 그 규모가 상당히 웅장하여 북한산성의 진수를 보여 주고 있다.

북한산성의 성벽은 성돌을 정교하게 다듬어 틈을 두지 않아 잔돌을 끼운 곳을 좀처럼 발견할 수 없으며 특히 성문 주위에는 성돌을 하나하나 꿰어 맞추듯 갖가지 모양을 연출하고 있다.

축성 방법을 보면 외벽만 석축으로 하고 내벽은 잔돌과 흙으로 채우는 편축식을 대부분 채택하여 안쪽의 지반을 상당히 높게 하였으며 성문 주위나 일부 구간에서만 협축 방법이 이용되었다.

내벽을 잔돌이나 흙으로 채우는 방식을 내탁(內托)이라 하는데 북한산성의 경우 대부분 내탁함으로써 이에 소요된 돌과 토사의 양만 해도 엄청났을 것으로 생각되니 그만큼 힘든 공역이었음을 짐작할 수 있겠다.

여장

체성 위에는 적으로부터 몸을 보호하고 공격도 하기 위하여 낮게 담장처럼 쌓은 구조물을 볼 수 있는데 이를 여장이라고 하며 성첩, 여담, 성가퀴 등으로도 부른다. 여장은 적의 공격에 대한 방어 기능을 제공하는 동시에 반격을 가할 수 있는 근·원총안을 갖추고 있기에 여장 없는 성곽은 생각조차 할 수 없는 일이다.

높이는 대부분 1미터 안팎으로 평상시 군사가 지키고 있을 때에는 가슴 윗부분은 여장 위로 드러나 관측을 용이하게 하나 적이 침투했을 때에는 여장 뒤에 몸을 감추고 타구나 총안을 통해 공격하게 된다.

「비변사등록」에 의하면 삼군문에서 총 2,807첩의 여장을 쌓았는데 훈련도감에서 704첩, 금위영에서 1,107첩, 어영청에서 986첩을 담당하였다. 이 가운데 지형이 험난한 1,457보에는 체성이 없이 단지 나지막하게 여장만 수축하기도 하였다.

대서문과 중성문의 육축 위에 설치한 문루 여장을 보면 화강암을 평탄하게 다듬어 1개의 총안을 설치한 반면, 일반 성벽에서는 넓적한 막돌로 쌓고 타(垛)마다 총안을 3개씩 두었는데 중앙에는 근총안을 두고 양쪽에는 원총안을 두었다.

대서문의 문루 여장은 높이가 83센티미터인 반면 길이는 각기 달라 145, 164, 194, 215센티미터 등에 이르고 있으며, 총구멍(15×18센티미터)은 가까운 거리를 향하고 있다.

중성문은 형식에서 대서문과 같으나 총안은 조금 커서 18.5×22센티미터에 이르며 원총안을 둔 것이 특색인데 총안이 큰 것으로 보아 포혈로 보아야 할 것이다.

대서문과 중성문을 제외한 북문, 대동문, 대성문, 대남문에는 문루 여장이 전부 무너져 내려 그 흔적을 찾을 길 없으나 당초에는 막돌을 이용, 담장처럼 쌓았던 것으로 생각된다. 그 이유로 대서문, 중성문과 같은 형식의 화강암으로 조성된 여장이 주위에서 전혀 발견되지 않기 때문이다.

한편 일반 체성 위의 여장은 이제 흔적을 찾기가 거의 어렵다. 특히 대남문에서 백운대에 이르는 구간의 경우 전부 무너져 내려 당초부터 여장이 없었던 것처럼 보인다.

이렇듯 북한산성의 여장이 거의 훼손된 것은 남한산성, 수원성과 같이 규격화된 석재나 벽돌로 견고하게 수축하지 않고 막돌로 쌓았기 때문이다. 불규칙하게 생긴 막돌로 쌓은 여장은 세월이 흐르면 무너지게 마련이다. 그러나 다행스러운 것은 일부 지역에서 원형에 가까운 형태의 여장이 발견된다는 점이다. 특히 인적이 드문 부왕동 암문 근처 100여 미터에 잘 보존된 여장이 발견되어 북한산성 연구에 좋은 자료가 되고 있다.

여장을 살펴보면 높이가 80센티미터, 타의 길이가 270센티미터, 덮개 폭은 120센티미터에 달하고 타구의 폭은 20센티미터 가량 띄운 것이 대부분이나 큰 것은 타의 길이가 320센티미터, 높이가 120센티미터나 되는 것도 있다. 이 지역은 두께가 얇고 넓적한 막돌에 진흙이나 회를 발라 쌓았기에 짧은 구간이지만 옛모습을 보여주고 있는 것이다.

치성(곡성)

길게 뻗은 성벽을 따라 걷다 보면 가끔 유별나게 외부로 돌출시켜 쌓은 곳을 보게 된다. 이런 형태의 성벽 안에서는 건물터 흔적과 부서진 기와조각들이 어김없이 발견된다.

적의 접근을 초기에 관측하고 전투할 때 접근한 적을 정면 또는 측면에서 격퇴시킬 수 있도록 성벽의 일부를 돌출시켜 내쌓은 구조물을 치(稚) 또는 치성(稚城), 곡성(曲城)이라 한다.

북한산은 지형 자체가 험난하여 천혜의 요새지이므로 별도의 큰 공역을 들여 치를 만들지는 않았다. 형태로 보아 치로 여겨지는 지점으로는 용암문에서 동장대 사이에 2개, 동장대에서 대동문 사이 1개, 대동문에서 보국문 사이에 1개, 보국문에서 대성문 사이에 1개, 대성문에서 대남문 사이에 1개, 청수동 암문에서 부왕동 암문 사이에 1개 등 여러 곳에서 발견된다. 성문과 성문 사이에서 1개

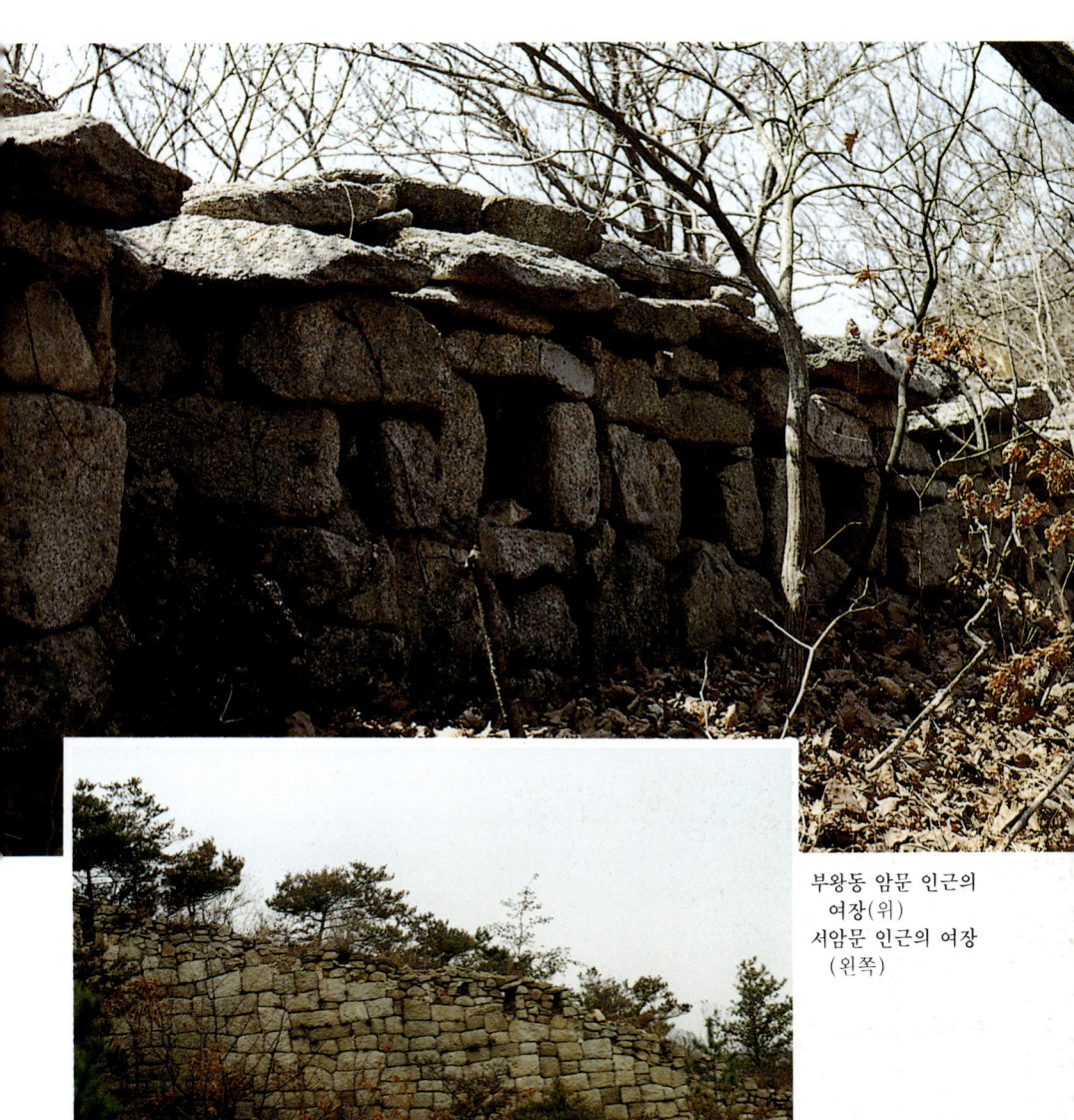

부왕동 암문 인근의
여장(위)
서암문 인근의 여장
(왼쪽)

이상 설치되어 있는 것으로 볼 때 성문과 같이 항상 병사가 주둔하며 경계에 임하였음을 짐작할 수 있다.

용암문과 동장대 사이에 있는 반용봉에는 우이동을 향하여 크게 돌출된 치성이 있다. 이곳은 북한산성 안의 치성 가운데 가장 큰 규모로서 '북한도'에는 곡성으로 표기하고 하나의 지명으로 사용하였다. 또한 삼천동을 향하고 있는 나한봉 위에서 30여 평 규모의 치가 발견되는데, 이 지점은 서북쪽을 향하여 시야가 좋으므로 관측과 침입하는 적을 공격하기에 안성맞춤이다.

이곳은 돌출된 상태로 절벽을 이루고 있어 정면에서는 적이 올라오지 못하므로 포혈을 갖춘 여장을 시설하고 안에는 건물을 두었는데, 현재 여장은 대부분 훼손된 채 다량의 기와조각이 발견된다.

나한봉 인근에 있는 각형(角形) 치성

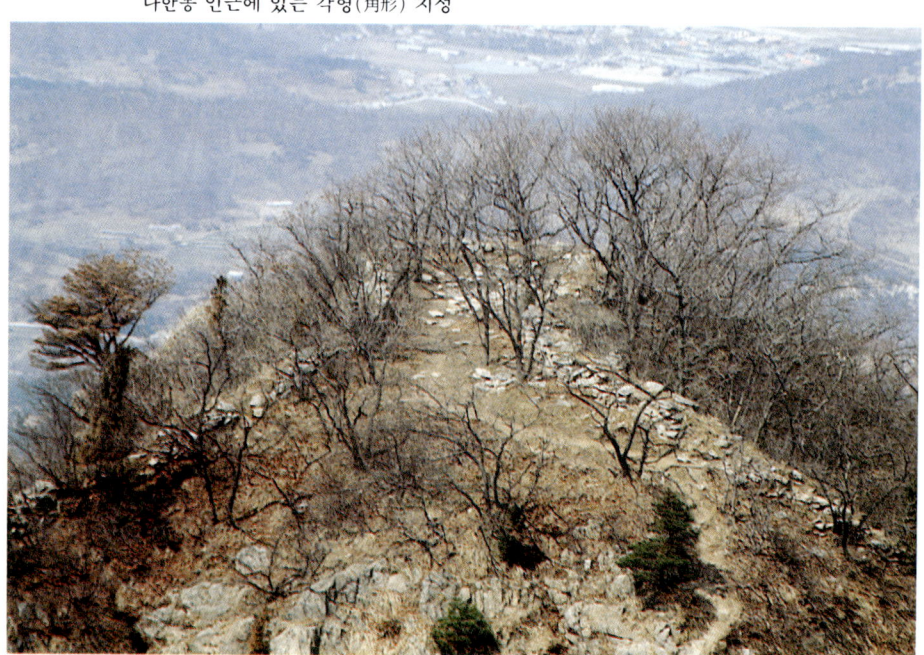

성내 시설

조선 숙종 37년(1711) 4월 3일 착수한 북한산성 축성 공역이
그해 10월 19일 완공을 보게 됨으로써 성곽을 쌓는 데 소요된 기간
은 6개월여에 불과했다.

전국 각지에서 물자를 모으고 도성의 장정들을 동원하는 등 국가
재정이 휘청할 정도로 막대한 재력을 투입, 성곽을 축성하였으나
그렇다고 목표가 달성된 것은 아니었다. 도성 백성들이 모두 들어가
민관군이 함께 지구항전을 하기 위함이었기에 여러 기능을 갖춘
성내 시설의 건립이 불가피하였다.

위급할 때 왕의 피란처가 될 120여 칸 규모의 행궁, 장수의 지휘
본부로 쓸 3개소의 장대, 성을 관리하고 사무를 보기 위한 관성소
(管城所)와 3개소의 유영, 군량을 비축하기 위한 4개소의 창고, 승병
들을 유치하기 위하여 새로 지은 13개소의 사찰, 병사들이 묵을
수 있도록 한 143개소의 성랑, 군마, 병사들의 식수로 사용키 위한
99개의 우물과 26개소의 못(池) 등 수백 채의 건축물과 많은 시설
물을 속속 건립하여 사찰을 제외하면 숙종 39년(1713) 가을이 되어
서야 완공을 보게 되었다. 이로써 북한산성이 제기능을 발휘할 수

있는 모든 시설이 갖추어지기까지는 착공으로부터 2년 반의 세월이 소요된 것이다.

이처럼 적과 지구전을 할 수 있는 시설을 갖추고도 미흡한 부분에 대한 보완 사업은 계속되었다. 다시 산성 안의 허리 부분을 차단하는 중성을 축조하여 바깥은 외성(外城)으로 하고 안쪽은 내성(內城)으로 하여 모든 중요 시설물이 소재한 내성만은 어떠한 위급한 사태가 있어도 사수할 수 있도록 하였으며, 세검정 서편에는 탕춘대성(蕩春臺城)을 추가로 축조하여 이중, 삼중으로 시설 방어에 완벽을 기하고자 하였다.

이렇게 많은 시설물들은 의병 전쟁 등 구한말의 혼돈한 변혁기와 1915년 8월의 집중 호우로 인하여 대부분 소멸되는 비운을 겪게 된다. 의병 전쟁을 전후하여 사찰의 피해가 극심하였고 흔히 '북한사태'로 일컫고 있는 대낮의 집중 호우가 노적봉의 산사태와 함께 산성 안의 모든 시설물을 휩쓸고 지나갔다.

행궁과 동장대가 이때에 붕괴되었고 중흥사 터가 심하게 유실되었으며 계곡 주위에 산재해 있던 민가도 모두 수마에 참혹한 피해를 당한 것으로 증언되고 있다.

이와 함께 삼군문의 유영과 창고, 성랑 등 여러 시설물도 이때 유실된 것으로 생각되며 오직 산영루의 초석과 중성문만은 수압을 견디고 지금도 계곡에 꼿꼿이 남아 있다.

행궁

행궁이란 왕이 전란시 몸을 피하여 임시로 거처하는 별궁(別宮)으로 이궁(離宮)이라고도 하는데 북한산성의 행궁은 상원봉 자락에 터를 잡았다. 북한행궁(北漢行宮)의 규모는 내전과 외전을 합하여

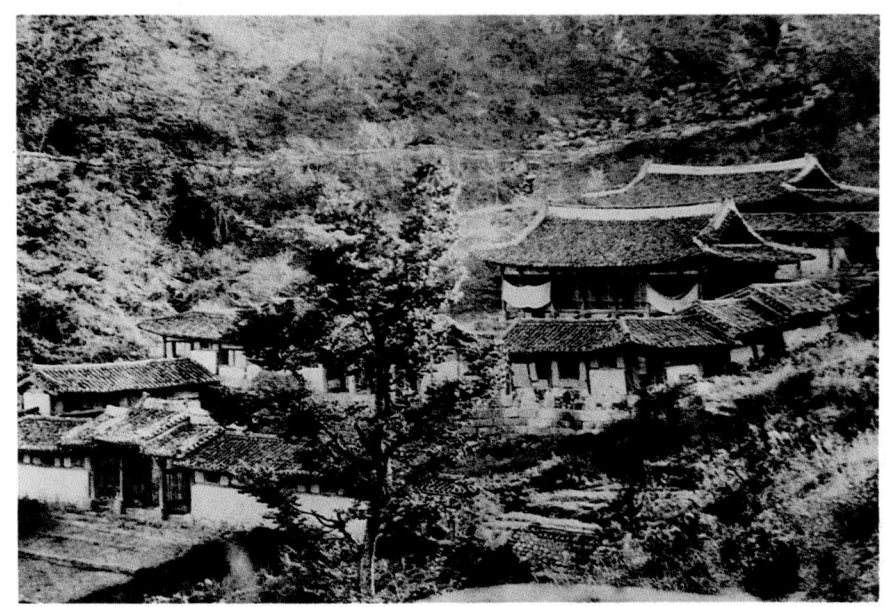

행궁의 옛 모습 무너지기 수년 전의 모습이다.

120여 칸에 이르렀다. 내전(內殿)은 좌우 상방 각 2칸, 대청 6칸, 사면퇴(四面退) 18칸을 합한 28칸의 정전말고도 부속 건물이 35칸이나 되었으며, 외전(外殿) 역시 내전과 같은 규모의 정전 28칸과 33칸의 부속 건물로 구성된 비교적 웅장한 모습이었다.

대남문에서 시작되는 산성 계곡을 따라 30분 정도 내려가면 개울 왼쪽으로 제법 잘 다듬어 쌓은 거대한 석축과 함께 건물터가 나타난다. 이곳이 바로 성 안에 설치한 창고 가운데 가장 규모가 컸던 경리청상창(經理廳上倉)이 있었던 곳이다.

전각은 경리청상창 뒤쪽으로 경사진 터에 동서 중심축을 기준으로 좌우 대칭을 이루며 장방형으로 배치되었다. 그리고 정문은 상창과 호조창 사이를 통하여 드나들 수 있도록 하였다. 내·외전의 터를

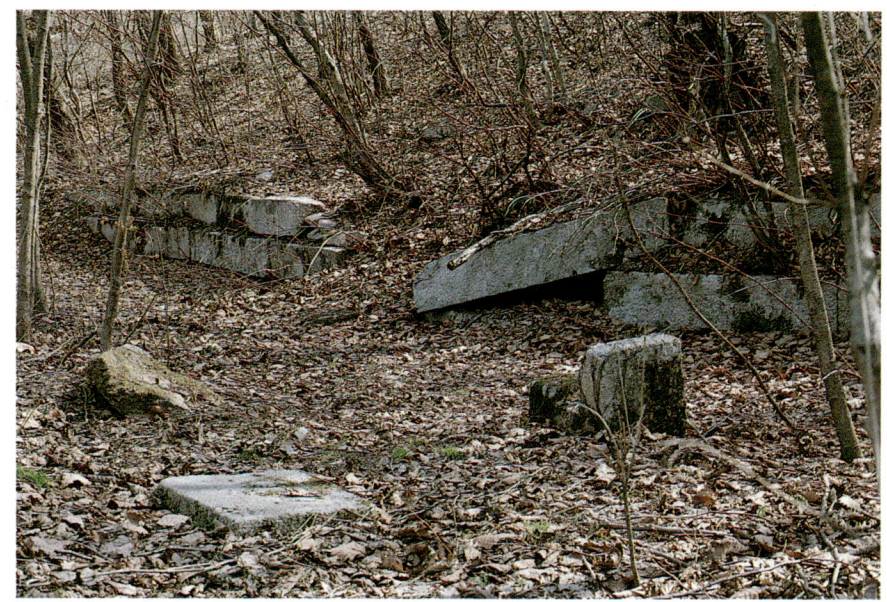

행궁터의 석단과 초석

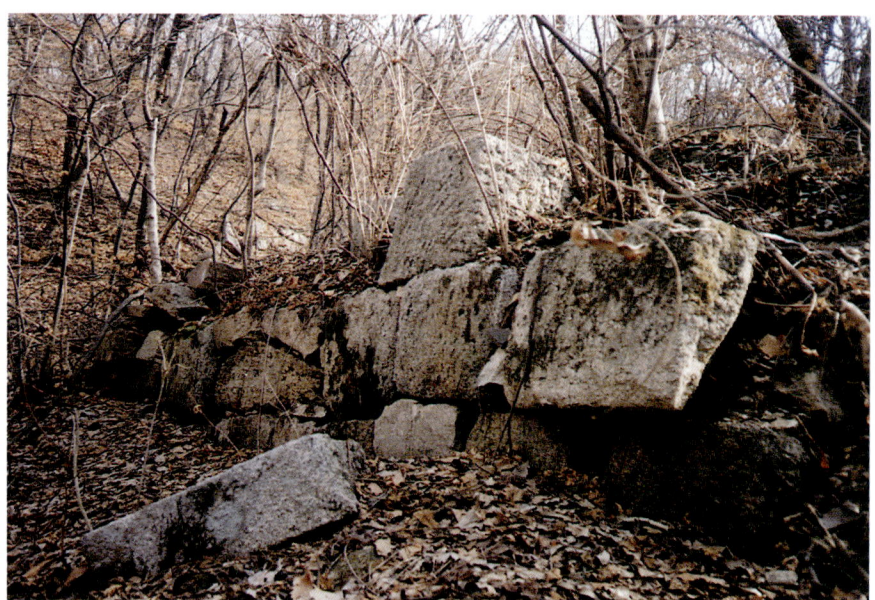

외전의 석축과 초석

보려면 상창터를 왼쪽으로 끼고 상원봉을 오르는 수고를 감수해야 한다.

갈대와 풀섶을 헤치며 산기슭을 오르다 보면 10여 개의 작은 터가 계단식으로 배치되어 있다. 이곳을 지나면 왼쪽으로 잡목과 덩굴로 뒤섞인 약 400평 정도의 넓은 터가 보이는데, 내전과 외전이 있었던 곳이다.

덩굴을 헤쳐 보면 내전에 이르는 돌계단과 정전의 기단석, 주춧돌들이 군데군데 풀섶에 묻혀 있어 폐허를 방불케 하고 있으며, 뒤쪽에는 높이 1.2미터, 길이 30미터 가량의 석단(石段)이 남아 있어 과거 행궁터였음을 여실히 증명해 주고 있다.

현재 행궁터는 경리청상창이 있었던 곳으로 알려져 오고 있으나, 정확한 위치는 남서쪽으로 상원봉을 향해 100미터 가량 올라가야 한다. 터를 살펴보면 120여 칸의 많은 건물을 수용할 만큼 넉넉하게 보이지는 않는다. 이는 잦은 수해로 인하여 지반의 상당 부분이 유실되었기 때문이며, 행궁의 앞부분은 아예 흔적도 없이 사라지고 말았다.

당초 행궁의 건립 문제는 북한산성의 축성 못지않게 조정의 큰 관심사였다. 산성 안에 계곡이 깊고 마땅한 터가 없으므로 남향이며 명당 자리인 중흥사 자리를 예정하였으나 뒷산이 가파르고 산사태의 위험이 있다 하여 여러 차례의 검토와 논의가 계속되었다.

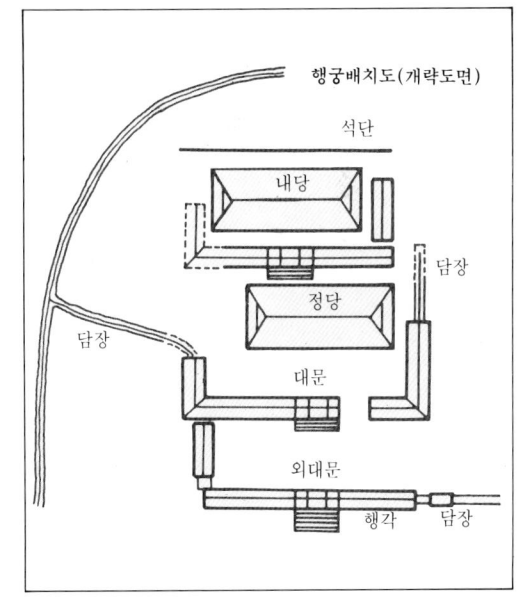

행궁배치도(개략도면)

석단

내당

담장

정당

담장

대문

외대문

행각   담장

숙종 37년 7월 행궁 예정지는 상원암(上元菴)의 옛 터가 제일 넓고 적합하다 하여 지금의 위치로 결정하였다. 그러나 이 지역은 개울과 접해 있는 관계로 암석을 파내고 지반을 돋우는 등 몹시 어려운 공사였다고 하는데 조정에서는 난공사임을 감안, 별도로 행궁영건청(行宮營建廳)을 설치하고 축성감동 당상(築城監董堂上)인 호조판서 김우항과 공조판서 이언강(李彦綱)을 북한행궁영건 당상으로 삼고 호조와 공조의 양 낭관을 낭청으로 하여 축성의 공역과 함께 추진케 하였다. 재목은 지금의 은평구 진관내동 일대인 삼천동에서 벌채하여 송판, 서까래 등으로 썼고 기와 굽는 데에도 이용하였다 한다.

숙종 38년 5월 완공을 본 뒤 영조 때 큰 수리가 있었고 고종 때에는 고종 16년(1877) 큰 비로 훼손된 뒤 총융사 조의복(趙義復)의 보고에 따라 개건(改建)한 바 있으며 30년(1891)에도 성첩, 공해(公廨)와 함께 중수·보축하는 등 구한말까지는 관리를 제대로 해왔다. 건물 배치 현황은 현존하는 '북한도'와 「조선고적도보」에 수록된 '북한산성이궁' 사진을 통하여 가늠해 볼 수 있다.

사진을 보면 제법 심하게 경사진 터에 장방형으로 건물이 배치되었고, 뒤편 산기슭에는 둥그렇게 쌓은 담장이 보인다. 전면의 폭이 넓은 계단을 올라서면 좌우로 행각(行閣)을 둔 3칸 크기의 정문(外大門)이 보인다. 이곳부터가 외전에 속하는데, 뜰을 지나면 3, 4층의 장대석 기단 위로 외전의 정당(正堂)을 감싸고 있는 행각과 함께 전면에 3칸 크기의 대문이 나온다. 안에는 좁은 뜰을 둔 정당이 배치되어 있는데, 정면이 7칸, 측면이 4칸(가로 18미터, 세로 8.6미터 크기) 규모이며 왕과 대신들이 정무를 보기 위한 용도로 지은 것이다.

뒤에는 내전에 속하는 9칸 크기의 행각과 내당(內堂)을 두었는데 건물 사이에 여유가 없어 무척 옹색해 보인다. 내당은 왕과 왕비의 침실로 쓰기 위한 용도로서 크기와 구조는 외전의 정당과 같은데 약간 왼쪽으로 치우쳐 건축하였다. 그 밖에 내당 좌우에는 수라소 (水刺所) 등 부속 건물이 몇 채 더 있었을 것으로 생각된다.

현재 외전이 있었던 곳은 수해로 지반이 대부분 유실되었으나 내전이 있었던 지역은 기단석과 계단, 주춧돌 등이 뚜렷이 남아 있어 당시 내당과 행각의 배치 상황을 가늠해 볼 수 있다. 정당과 내당에는 사방에 툇마루를 18칸 두었고 중앙에는 대청 6칸을 두었으며 대청 좌우에는 2칸 크기의 상방(上房)을 각각 배치하였다.

외곽에는 이중으로 담장을 쌓아 시설물을 보호하였다. 담장은 행궁 뒤쪽에서 경리청상창까지를 포함하여 둥그렇게 쌓았으며 다시 외전의 행각과 좌우로 연결하여 내외전을 감싸고 있다.

건립된 뒤 300년 가까이 보존되던 행궁은 지금으로부터 불과 80년 전인 1915년에 막을 내리게 된다. 일제에 주권을 빼앗긴 뒤 최후까지 남아 있던 행궁은 돌보는 이 없이 방치되어 오다가 1915년 한여름의 집중 폭우로 일부가 유실되고 난 뒤 파괴되었다.

역대 왕 가운데 북한산성을 찾은 분은 숙종과 영조였다. 영조는 36년 8월 대남문을 거쳐 행궁에 들러 성을 지킬 방도를 의논하였으며 옛날 쓰던 요, 돗자리를 보고 눈물을 흘리며 잘 간직하도록 당부하였다 한다.

한편 행궁에는 북한산문고(北漢山文庫)를 두었다. 영건 진행중인 숙종 37년 8월 강화도에 있는 실록을 사본하여 북한산성에 두도록 함에 따라 이곳에 조선시대 역대 왕의 옥쇄와 금은 옥대, 의궤, 고문헌 등을 비밀리에 보관하여 왔다. 이와 함께 다량의 정제 금괴가 저장되어 있었으며 전란에 대비하여 땅 속에 비축하였던 막대한 돌소금과 목탄 수만 관이 발견되었다는 말이 전설처럼 전해지고 있다.

관성소, 삼군문 유영

　조속한 축성에만 총력을 경주하다가 막상 준공을 앞둔 시점에서 맞은 과제는 효율적인 산성 자치와 관리 운영의 강구였다. 군사를 배치하고 화약, 자재, 군량을 비축하는 일도 중요했지만 책임지고 산성을 관리하고 임무를 수행할 주관 부서의 설치야말로 가장 당면한 문제였던 것이다.

　성 안에 한 고을을 옮겨 설치하자는 안, 성역을 감독한 김중기를 그대로 주관 당상으로 하자는 안 등 여러 견해가 검토되었으나 우선은 삼군문의 대장으로 하여금 나누어 관장하고 축성 완료 뒤 별도로 주관하는 사람을 두기로 잠정 결론지었다. 이 문제는 숙종 38년 4월 10일, 숙종이 북한산성을 시찰할 때에도 양주, 고양의 일부를 떼어 산성 안에 고을을 설치하자는 의견과 함께 거론된 적이 있었으나 행궁, 창고, 성랑 등 대부분의 시설이 완공된 숙종 38년 가을이 되어서야 주관 부서의 설치가 최종 확정되었다.

　숙종 38년 10월, 산성을 관리할 부서를 신설하며 명칭을 경리청(經理廳)이라 정하고 주관하는 대신은 영의정이 도제조(都提調; 守城大將)를 겸하고 당상은 제조(提調)라 하여 삼군문의 대장을 겸하도록 하였다.

　경리청은 본영을 도성 안 향교동에 두었기 때문에 성 안에는 관성소 및 훈련도감, 금위영, 어영청 등 삼군문의 유영을 설치하였으며 관성장과 유영감관을 두어 군관, 서원, 고직 등 관원을 감독하고 성 안의 사무를 총괄하였다.

　삼군문의 책임 구역으로 훈련도감은 산영루 북쪽 노적봉에서 백운대 서쪽까지, 금위영은 대성문 북쪽에서 곡성 서쪽까지, 어영청은 대성문 남쪽에서 대서문 동쪽까지 담당하였으며, 수첩군관, 별파군, 아병 등 1,000여 명의 군사가 항상 주둔하였다. 신설된 경리청,

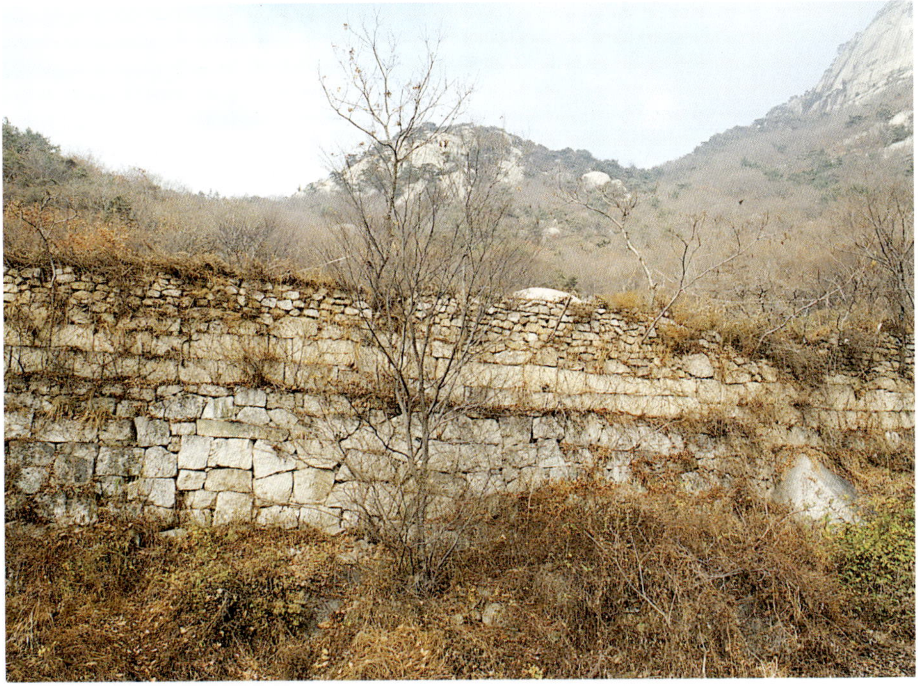

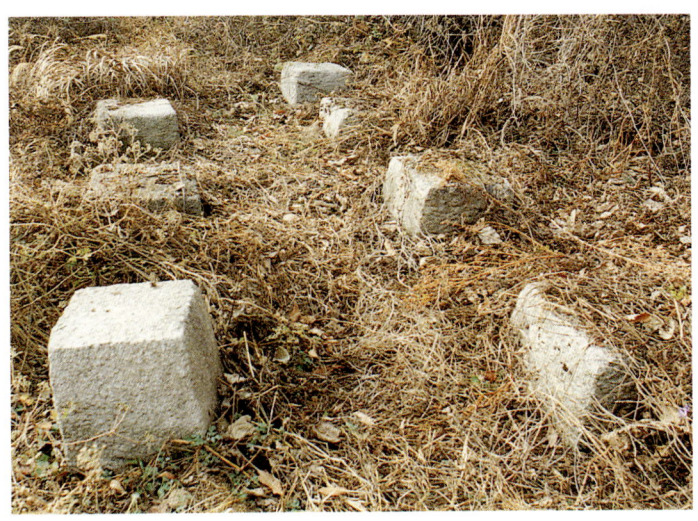

노적봉 아래에 있는 훈련
도감 유영터(위)
훈련도감 유영터의 초석들
(왼쪽)

관성소, 삼군문 유영에서는 산성 관리뿐만 아니라 총포, 자재와 군량을 모으는 등 금성탕지(金城湯池)로서의 부족함이 없도록 만전을 기하였으나 이 과정에서 많은 고통을 안겨 주었다.

계속된 기근과 전염병에 지친 백성들에게 가혹한 세금 징수로 원성을 자아냈으며 더구나 산성을 관리하고자 설치한 경리청이 재물을 소모하고 사익을 탐하는 무리들로 들끓어 내내 지탄의 대상이 된 것이다.

그 뒤 영조 23년(1747), 그동안 갖가지 폐단으로 인한 여론에 따라 경리청을 폐지하고 산성의 모든 업무를 총융청(摠戎廳)이 전담토록 하였다. 영조 26년 총융청 본청을 탕춘대 자리에 300여 칸 규모의 새 청사를 지어 옮긴 뒤 북한산성, 탕춘대성을 포함한 경기 일원의 모든 군무를 총괄하였다.

이와 함께 도성이 다시 수축되고 도성을 중심으로 한 방어 체제도 확립됨에 따라 영조 시대 이후의 북한산성은 단지 도성 방위의 외곽으로 그 위상이 바뀌어졌다.

훈련도감 유영(訓局, 訓倉)

훈련도감 유영터는 노적봉의 거대한 암벽 밑에 자리하고 있으며 뒤에는 북장대가 있고 앞에는 너른 공간 아래로 중성문이 위치하고 있다.

이곳에는 옛날에 적석사(積石寺)라는 사찰이 있었다는 기록이 전하는데, 노적사(露積寺)를 통하여 언덕을 넘으면 골짜기 안에 거대한 모습으로 나타난다.

주위를 살펴보면 완벽하게 남아 있는 연못, 깨끗하게 보존된 기단과 주춧돌 등이 방금 전까지 건물이 있었던 것 같은 착각에 빠지게 하며, 주위의 수목도 울창하여 늘 신비스러운 분위기가 감돈다.

정교하게 축조한 6 내지 8미터 높이의 석축 위에는 가로 50미터, 세로 25 내지 35미터 규모의 터를 조성하였는데 약 500평 남짓해 보인다. 대지 중간에는 2미터 높이의 석단을 쌓고 그 위에 여러 채의 건물을 배치했던 흔적으로 건물 기단과 19개의 주춧돌이 발견된다. 또한 왼쪽으로 돌출된 또 하나의 연결된 석단이 나오는데, 이곳에도 기단과 주춧돌 3개가 있다.

금위영 유영(禁營, 禁倉)

어영청 유영터에서 계곡을 따라 10분 정도 내려가면 밀집된 많은 건물터가 발견되는데 그 가운데에서도 개울 옆으로 거대한 석축과 함께 온갖 잡풀로 뒤덮인 넓은 터가 바로 금위영 유영터이다.

이곳에는 십수 년 전만 해도 보국사라는 암자가 있었기에 주민들은 보국사 터로 잘못 알고 있다(축성시의 보국사가 아님). 그러나 경기도 지방유형문화재로 보호받고 있는 금위영이건기비가 위치하고 있으므로 금위영 유영터임을 증명하고 있다.

숙종 41년(1715) 도제조 이이명이 건립한 금위영이건기비에서는 다음과 같이 북한산성 연구에 귀중한 자료를 제공하고 있다.

숙종 37년 4월 훈련도감, 어영청, 본영(금위영)에 백제 고성을 고쳐 쌓도록 명하였다. 각 지점에 병영을 두어 양곡을 저장하고 무기를 비축함으로써 후일 국가 위급시에 도성민과 함께 이 천혜의 요새를 지킬 것이다.

그해 10월에 축성을 완료하였는데, 금위영사를 비롯하여 용암봉 동남쪽으로부터 보현봉까지 체성 2,821보와 1,065개의 성첩, 문루를 갖춘 소동문과 대동문, 암문 2개를 두었으며, 시단봉에는 장대를 만들고 성랑 60채를 두는 한편 보국사, 보광사, 용암사, 태고사를 관할하에 두었다.

병영과 창고 90여 칸을 처음에는 소동문 안에 세웠는데 지세가

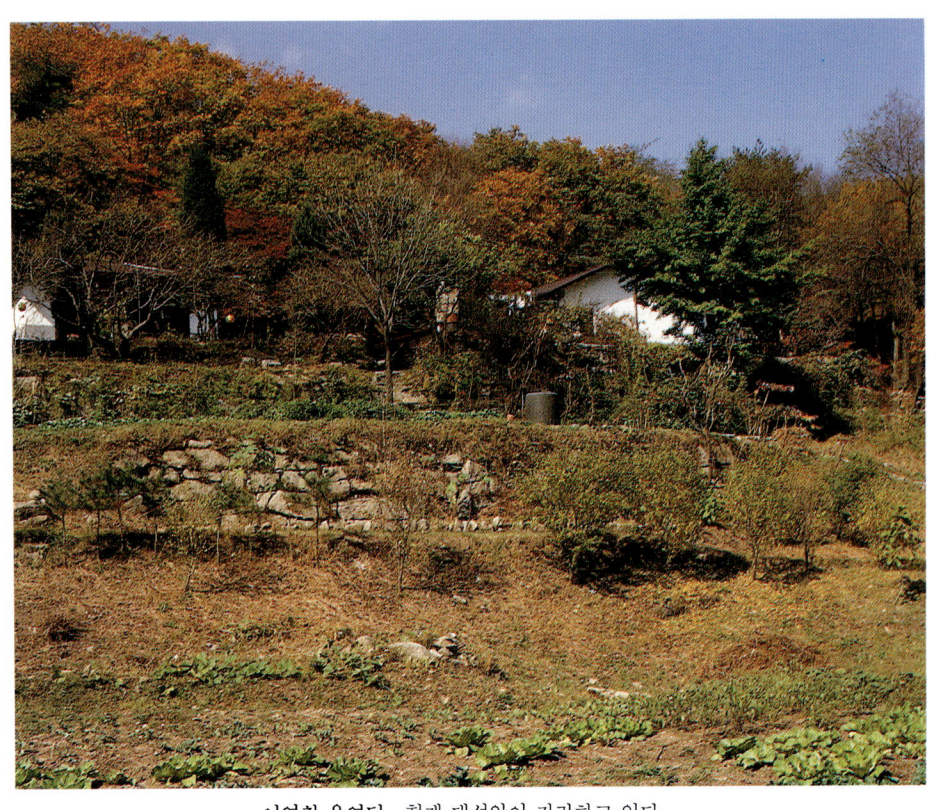

어영청 유영터 현재 대성암이 자리하고 있다.

높고 바람이 심하여 무너질 위험이 있으므로 숙종 41년 3월 보국
사 아래로 옮겨 지었다.…(하략)….

금위영 유영은 당초에 대청 18칸, 내아(內衙) 6칸, 양곡 창고
54칸, 무기고 13칸, 중군소 5칸, 면원청 4칸, 월랑 8칸 규모로 건립
되었으나, 지금은 모두 사라지고 금위영이건기비를 비롯하여 여러

유구(遺構)가 남아 있을 뿐이다. 가로 4미터, 세로 2미터 크기의 건물 기단, 주춧돌 9개, 돌계단 2개소, 장대석 7개, 석누조 1개가 보이며, 산기슭에는 무너진 담장터가 남아 있다.

부근에 산재한 20, 30평 규모의 부속 건물터를 살펴보면, 둘레에 돌더미로 담장을 두른 것이 특색으로 대부분 성랑이 있던 자리였으나 일부는 개울과 접해 있는 것으로 보아 평상시 물을 가두어 두는 못이었을 것으로 추측된다.

어영청 유영(御營, 御倉)

대성문에서 성 안을 살펴보면 가까운 거리에 대성암(大成庵)이 자리하고 있는 꽤 넓은 터가 보인다. 건물터를 살펴보면 가건물 형태의 암자에는 걸맞지 않은 오래 된 석축, 주춧돌, 돌담 등이 보이는데 이곳이 바로 어영청 유영터이다.

이곳은 폐허가 되어 방치되어 오던 것을 1950년대에 남아 있던 주춧돌과 석재를 의지하여 대성암을 건축, 오늘에 이르고 있으며 암자측의 정성어린 관리로 그런 대로 보존 상태가 양호한 편이다.

유영터는 개울 옆 산기슭에 1 내지 3미터 높이로 둥근 막돌을 이용, 석축을 쌓아 730평 가량의 지반을 조성하였으며, 대지 뒤쪽으로 다시 2단의 석단을 쌓아 층을 이루게 하였다. 애초 어영청 유영에는 대청 18칸, 내아 7칸, 양곡 창고 48칸, 무기고 10칸, 중군소 4칸, 서원청 2칸, 월랑 12칸이 있었는데 그 가운데에서도 양곡 창고의 규모가 상당히 컸다.

이곳에서는 많은 주춧돌이 발견된다. 대성암의 금당 앞과 입구 계단 주위에서 상당히 큰 단주형 주춧돌 9개가 보이며, 전면의 텃밭에는 작은 주춧돌 6개가 발견된다. 또한 샘터 부근에는 건물 기단과 함께 둘레에 주춧돌이 9개가 묻혀 있다.

장대

　　장대(將臺)란 장수의 지휘소로 사용하기 위하여 성 안의 지형 가운데 높고 지휘, 관측이 쉬운 곳에 설치한 건물을 말한다. 성 안에는 각 군문별로 관할 구역 안에 적정한 장소를 1개소씩 선정하여 동장대, 남장대, 북장대를 두었는데, 그 가운데 동장대의 규모가 제일 크고 공역시에도 많은 자재와 인력을 투입하였다.

　　대동문에서 백운대 방향으로 등산로를 따라 산기슭을 오르다 보면 시단봉 정상에서 건물의 기단과 함께 쓰러진 여러 개의 큰

북한산성 총지휘소 동장대 터　대동문을 지나 용암문을 향하여 경사지를 오르다 보면 동장대 터가 나오는데, 장주형 초석은 물론 내외부 기단을 갖춘 모습이 상당히 화려한 느낌을 준다.

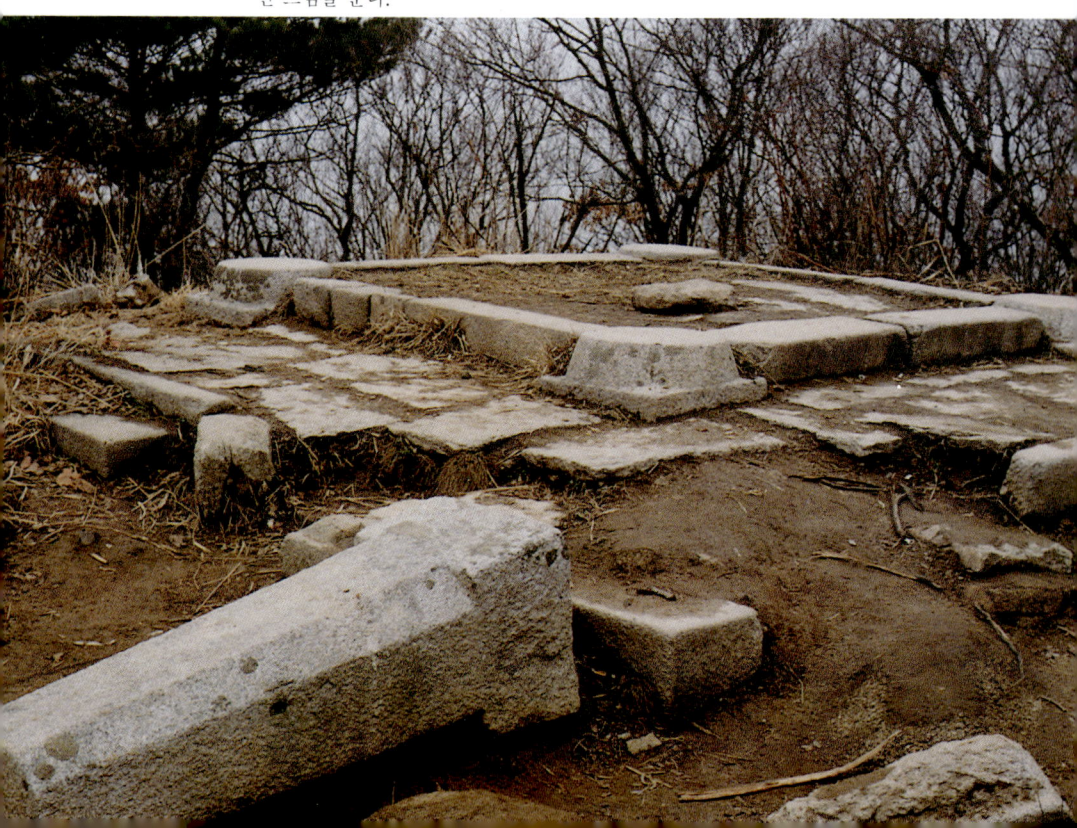

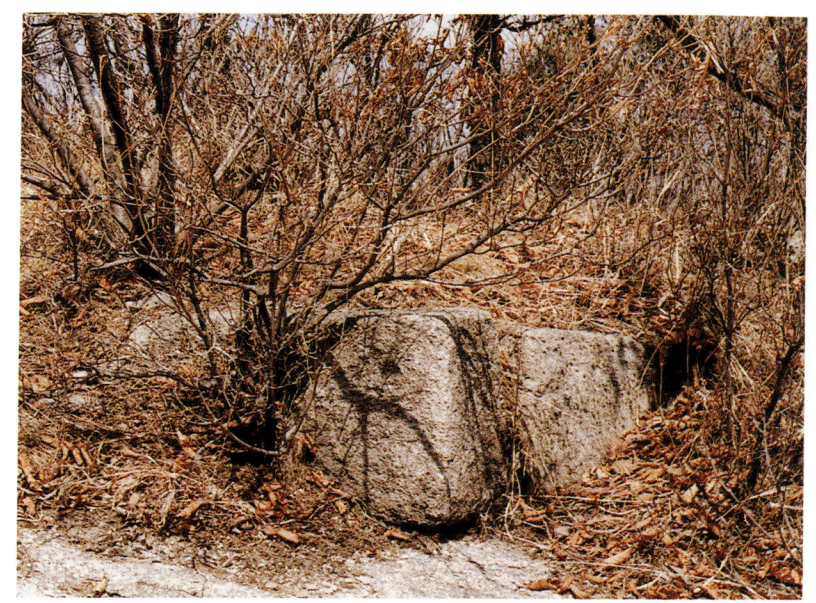

상원봉의 남장대 터 남장대는 동장대와는 비교할 수 없을 정도로 초라하여 잡목만이
무성한 채 기단석만 주위에 남아 있을 뿐이다.

돌기둥을 볼 수 있는데, 이곳이 북한산성의 최고 지휘 본부로 쓰였
던 동장대지(東將臺址)이다.

동장대는 행궁을 비롯하여 성의 안팎을 모두 살필 수 있는 지점에
터를 잡았다. 터를 살펴보면 가로, 세로 각 5.5미터 규모의 정사각형
기단을 조성하여 둘레에 키가 1.5미터 되는 장주형 초석 12개를
세운 뒤 내부에는 가로, 세로 각 2.8미터 되는 기단을 만들고 원형
초석 4개를 설치한 것으로 보아 당초 중층 문루로 건립하였음을
알 수 있으며, 외부 기단 사면에는 계석(階石)이 1개씩 배치되어
있다.

동장대는 1915년 8월 집중 호우 때 아깝게도 무너져 버렸으나
남아 있는 유구를 볼 때 규모가 웅장하고 화려했음을 추측할 수

있다. 원형 초석 4개는 제자리에 있으나 장주형 초석 12개 가운데 9개는 서 있던 자리에서 똑바로 바깥쪽으로 넘어져 있고, 2개는 등산로를 피하여 옆으로 옮겨져 있으며 나머지 1개는 성벽 너머 우이동 방향 절벽에 떨어져 있다.

어영청 관할에 있었던 남장대의 위치는 현재 문수봉 서쪽 716 미터 봉우리 정상으로 알려져 오고 있다. 정상을 살펴보면 과거 건물이 있었음을 증명하는 기와조각이 보이고 있으나, 이곳은 남장대 터가 아니라 성랑터이다.

「북한지」에 의하면 "남장대는 나한봉 동북쪽에 있다"라고 기술되어 있다. 나한봉에서 능선을 타고 동북쪽으로 한동안 내려가다 보면 해발 678미터 지점에 너비가 5.4미터 되는 정방형의 건물터가 나타난다.

건물터를 살펴보면 나무가 무성하고 지반이 변형되어 주춧돌은 보이지 않으나 사면에 기단석이 뚜렷이 남아 있어 남장대 터임을 말해 주고 있다. 그러나 일제 시대부터 716미터 봉 정상을 남장대 터로 잘못 표시하여 왔고, 이것이 현재까지 아무 여과 없이 그대로 불리고 있음은 심히 유감스런 일이 아닐 수 없다.

남장대는 행궁을 중심으로 동장대와 대칭되는 지점에 있어 기능 면에서 보면 최적의 위치라 아니할 수 없다. 이곳에서 주위를 살펴보면 전방에는 동장대와 대동문이 지척에 보이며, 오른쪽에는 대성문, 뒤에는 대남문과 청수동 암문, 왼쪽에는 부왕동 암문, 계곡에는 행궁과 중흥사 일대가 한눈에 들어온다.

훈련도감 관할에 있었던 북장대는 유구가 전혀 없어 정확한 지점 조차 파악이 불가하다. 「북한지」에 의하면 "북장대는 중성문 서북쪽에 있다"라고 기술되어 있다. 예상되는 지점은 노적봉에서 성내 주차장 방향으로 뻗은 능선 가운데 훈련도감 유영터 뒤쪽의 기린봉(麒麟峯) 정상으로 생각되나 현재 그 흔적을 찾을 길이 없다.

창고

숙종 37년 4월 3일 착수한 북한산성 축성 공역이 그해 10월 19일 완공을 보게 되자 이어서 성내 시설물에 대한 건립을 본격적으로 진행하였다. 그 가운데에서도 창고의 위치 선정 문제를 놓고 많은 검토가 요구되었다.

장차 지구항전을 대비하여 모두 성 안에 건립하는 것이 원칙이겠으나 험난한 능선을 넘어 양곡을 반입하는 일에 적지 않은 고초가 따를 것이 분명했고, 평상시 출납의 원활을 위해 성 밖에 나누어 건립할 경우 유사시 혼란중에 성 안으로 옮기는 일이 현실적으로 가능하겠느냐는 것이 검토된 의견이었다.

임진왜란, 병자호란 때 도성에 있던 식량을 모두 적에게 넘겨준 뼈아픈 경험이 있었기에 창고의 위치 선정은 가장 중대한 일이 아닐 수 없었다. 위치 선정은 숙종의 결정에 따라 모두 성 안에 설치하는 것이 안전하다는 결론을 내리고, 숙종 38년 4월 공사에 착수하여 1년 반 뒤인 이듬해 가을에 완공을 보았다. 당시 경리청상창, 중창(中倉), 하창(下倉), 호조창(戶曹倉) 등 4개 창고가 280여 칸 규모로 웅장하게 건립되었으며 삼군문 유영에도 훈창, 금창, 어창을 건립하였다.

숙종 40년에는 이유(李濡)의 거듭된 간곡한 진언에 따라 추가로 성 밖 탕춘대에 평창(平倉)이라는 양곡 창고를 크게 건립하였는데, 이는 험난한 산을 넘어 성 안에 양곡을 운반하는 어려움을 조금이라도 덜고 재난시 원활한 구호를 도모코자 함이었다. 그리고 완공된 성 안팎 창고에는 10만 석의 양곡을 비축하였다. 성 안 각 창고에 보관중인 5만 석의 양곡 가운데 매년 1만 석씩을 인근 군민에게 대여했다가 가을에 햇곡으로 환수, 5년마다 전체 양곡을 바꾸도록 하여 변질을 방지하였다.

10만 석의 양곡은 당시 도성민들의 몇 달치 양식이 되는 막대한 분량이었다. 이렇게 엄청난 양을 비축하는 과정에서 또는 인근에 대여하고 되받는 과정에서 많은 민폐를 야기시켰다.

　　등짐을 진 채 멀고 험한 길을 걸어 산을 넘으며 며칠씩 산중을 헤매야 했고 제때에 갚지 못할 때에는 매질을 당하거나 옥에 갇히는 등 곤욕을 치르기도 했다. 또한 비축미는 위급시 군량미로 활용키 위하여 일정량의 재고를 유지하여야 함에도 영조 시대에는 대여한 양곡이 환수되지 않아 5, 6만 석이었던 쌀이 거의 바닥난 경우도 생기는 등 운영상 감당할 수 없을 만큼 난맥상을 보이기도 하였다.

　　이렇듯 흉년이 들거나 전염병이 돌 때 백성을 살리는 구호미의 역할도 톡톡히 해냈으나 그래도 그동안 겪었던 고통을 상쇄시킬 수는 없었다.

　　「북한지」의 기록을 보면, 경리청상창과 호조창은 행궁 앞에, 중창

상창터의 초석들

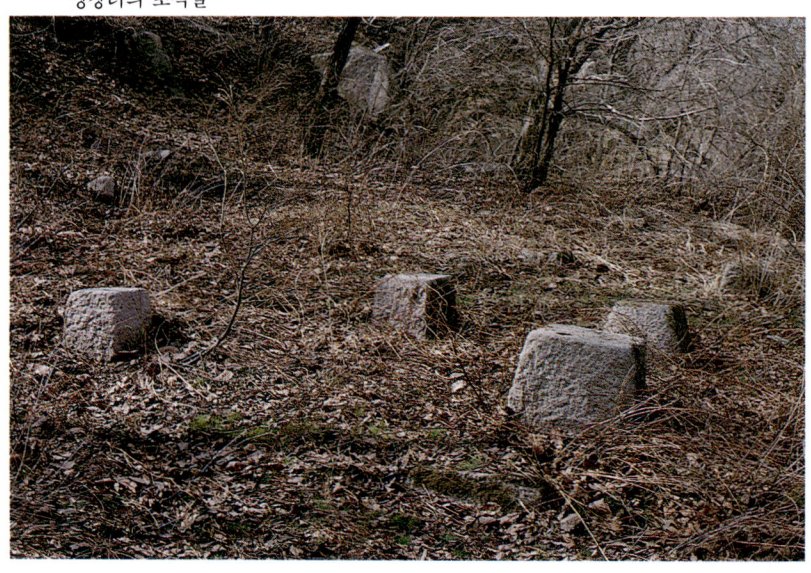

은 중흥사 앞에, 하창은 대서문 안에 있었고, 호조창에는 어공미 (御供米) 300석을 저장하였다고 한다.

현재 창고터로 여겨지는 곳을 답사해 보면, 풀섶에 묻혀 있거나 유실된 채 많이 변형되어 식별이 쉽지 않은 실정이며 개인적으로도 수년 동안 많은 갈등과 고통을 경험하기도 하였다.

금위영 유영터를 지나 계곡을 따라 10분 정도 내려가면 개울과 접하여 왼쪽으로 거대한 석축과 함께 반듯한 건물터가 나타난다. 이 건물터를 북한동 노인들은 '궁터' 또는 '대궐터'라 부르고 있는데, 행궁터가 아니고 경리청상창과 호조창, 관성소가 있었던 산성 안의 중심지였다.

경리청상창은 과거 창고 가운데 규모가 제일 크고 중심이 되며 63칸의 양곡 창고말고도 내아 12칸, 집사청(執事廳) 3칸, 군관청 (軍官廳) 4칸, 서원청(書員廳) 4칸 등 성 안 사무를 총괄할 수 있는 관성소를 함께 두었으며 행궁을 수호 관리하는 관성장이 근무하였 다. 따라서 행궁 전면을 바라볼 때 왼쪽으로 경리청상창과 관성소가 있었고 오른쪽으로 호조창이 있었다.

건물터는 약 400여 평 정도 되어 보이며, 석축 규모는 높이가 1.1미터, 길이가 40미터 가량이며 화강암을 장방향으로 잘 가공하여 축조하였다.

석축 위에 올라서면 넓은 터에 잡목만 무성한 채 군데군데 주춧돌 이 뒹굴고 있으며 무수한 기와조각이 발에 차인다. 산기슭에는 아직 까지도 연못이 을씨년스럽게 남아 있고, 옆에는 건물 한 채분의 주춧돌이 풀섶에 묻혀 있다.

중창은 중흥사 앞에 있었다고 하는데 대청 6칸, 양곡 창고 78칸, 고직가(庫直家) 5칸, 대문 2칸의 제법 큰 규모였다. 중흥사 터에서 전면을 바라보면 개울 건너편으로 소규모 석축과 함께 산영루 쪽으 로 길게 뻗은 건물터가 보인다. 이곳은 오래 전부터 채소밭으로

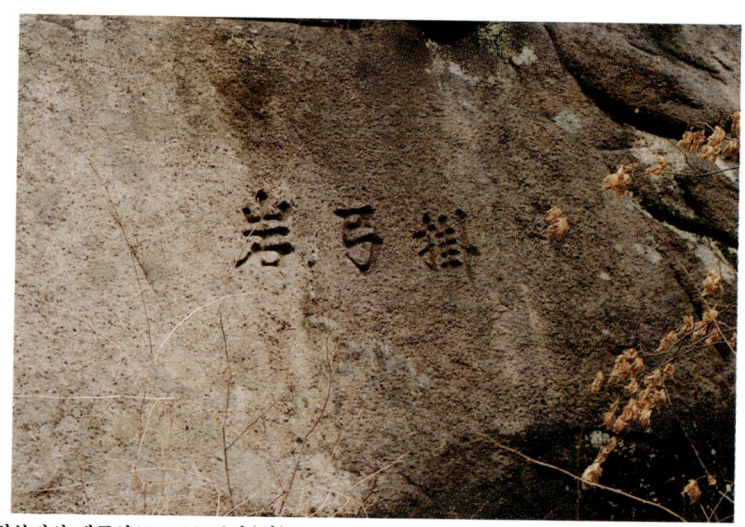

상창터의 궤궁암(掛弓岩) **각자**(위)
상창터의 석축(옆면)

일구어 특별한 유구는 보이지 않으나 여기말고는 터가 들어설 자리가 없다.

하창은 현재의 성내 주차장에 위치하였다. 지금은 음식점이 들어서고 바닥은 시멘트로 포장되어 주춧돌은 보이지 않으나 오래 된 향나무 옆을 보면 장방형 돌로 제법 정교하게 쌓은 높이 2미터, 길이 20미터 가량의 축대가 남아 있어 과거 하창터였음을 말해 주고 있다.

한편, 성내 주차장 못미처 대성장 음식점 건너편 산기슭에서도 큰 건물터가 발견되는데, 높이 1미터, 길이 40미터 정도의 석축이 훼손된 채 남아 있다. 주민 이제후 씨(69)에 의하면 이곳도 창고터로 전해지고 있다는데, 어렸을 적에 '낡은 하창터'로 불린 기억이 있다고 한다.

성랑

성랑이란 병사들의 숙소로 사용키 위해 지은 건물을 말한다. 북한산성 축성이 완료되어 갈 무렵, 병사들이 묵을 성랑의 건립이 무엇보다도 시급히 해결되어야 할 문제로 대두되었다. 성랑의 건립이 늦어지면 산성의 초계와 관리 임무를 수행하는 병사들이 능선이나 계곡에서 불가피하게 노숙해야 되기 때문이다.

성랑은 행궁이나 창고의 건립보다 먼저 착수되었으며 성 밖 삼천동과 사자항동에서 소나무를 베어 재목으로 사용하였다. 목재의 벌채 운반과 위치 선정을 마친 뒤 숙종 38년 여름까지 각 군문별로 건립을 완료하였는데 훈련도감 구역에 42개소, 금위영 구역에 60개소, 어영청 구역에 41개소 등 모두 143개소에 이르렀다.

성벽을 따라 걷다 보면 안쪽으로 군데군데 건물이 있었던 흔적과 함께 깨진 기왓장이 많이 발견된다. 이러한 건물터가 바로 성랑이 있던 자리로 성문 주위나 능선의 높은 곳, 성곽이 돌출된 곳 등 초계

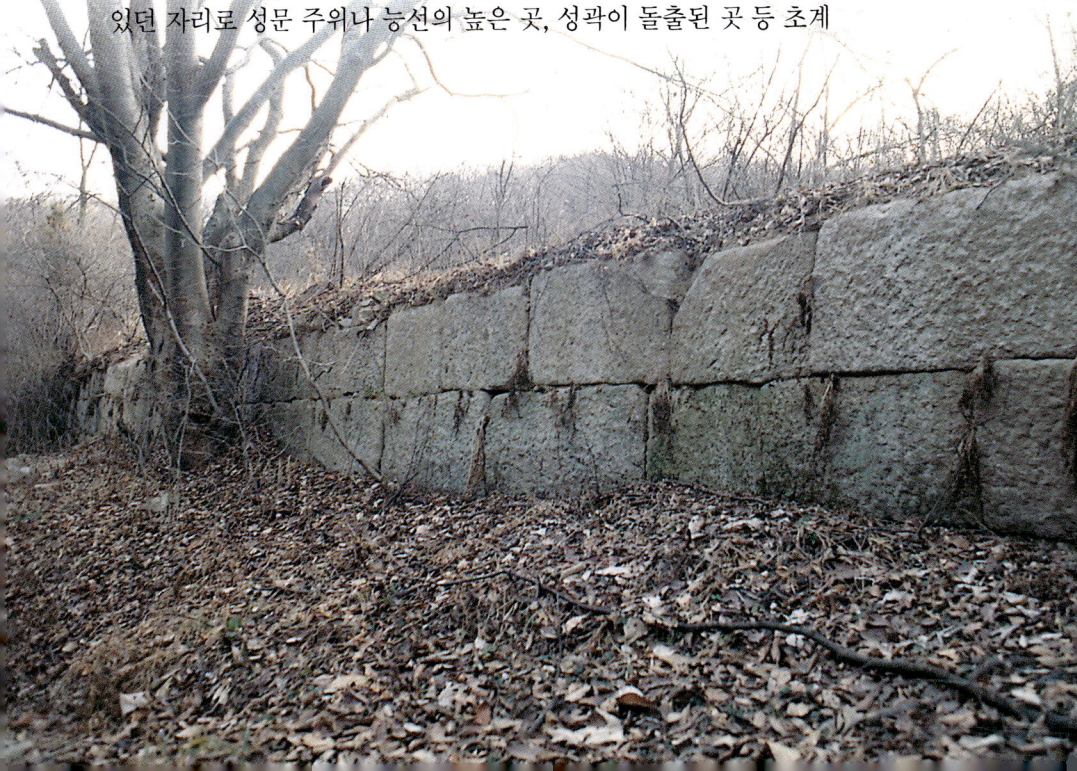

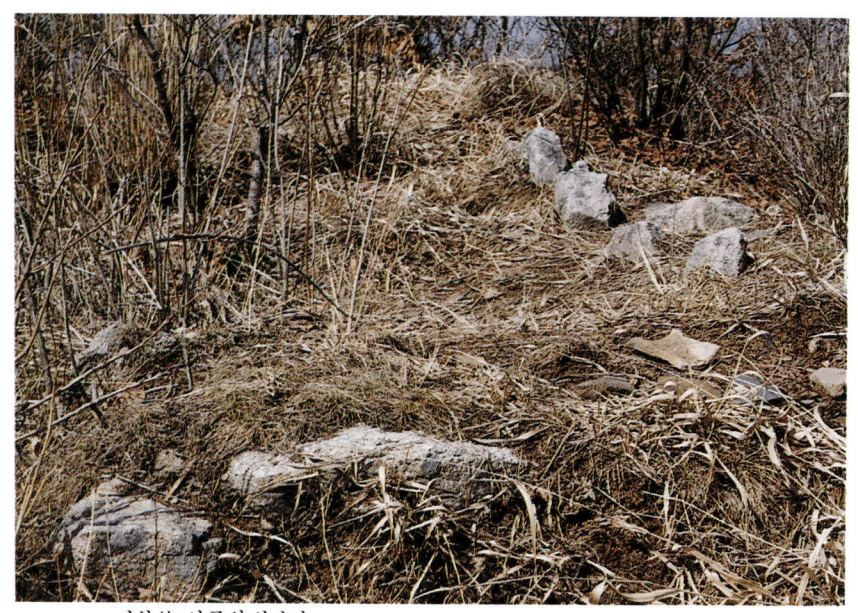

나한봉 인근의 성랑터

하기에 좋은 지형이나 필요한 지역을 골라 건립하였기에 대개 일정한 간격을 두고 배치하였으며, 아직도 30개소 가량은 식별이 가능할만큼 흔적이 뚜렷하다. 특히 보조 장비 없이는 등반이 어려운 영취봉이나 용암봉에서도 성랑터가 발견되는 것을 볼 때 당시 주둔한 병사들의 노고를 짐작케 한다.

이와 함께 성 안 주요 시설물 주위에서도 성랑터가 수없이 발견된다. 성 안에 있는 성랑은 삼군문의 유영터, 창고터, 행궁터 주변에 밀집되어 있으며 지금도 40개소 가량 발견된다. 성랑은 단일 건물로 지어졌으며, 성벽 주변에 있는 것은 3 내지 10평 정도이나, 성내 계곡에 있는 것은 약간 커서 10, 20평 규모가 대부분이다.

성랑은 때를 알 수 없을 만큼 오래 전에 소멸되었으며 깨진 기왓장과 어렴풋이 남아 있는 건물터 흔적말고는 뚜렷한 유구가 없다.

못, 우물

성을 지키는 데 물이 풍부해야 함은 축성 여부를 결정하는 필수적
인 조건 가운데 하나이다. 북한산성 축성을 놓고 찬반 양론으로
갈라져 있을 때 일부에서는 물이 부족한 것을 단점으로 들어 반대하
기도 하였으므로 마침내 축성 완공을 앞두고 수천(水泉) 문제는
큰 걱정이 아닐 수 없었다. 사시사철 병사와 군마에 필요한 물이
부족할 경우 산성은 하나의 무용지물이 될 수도 있기 때문이다.

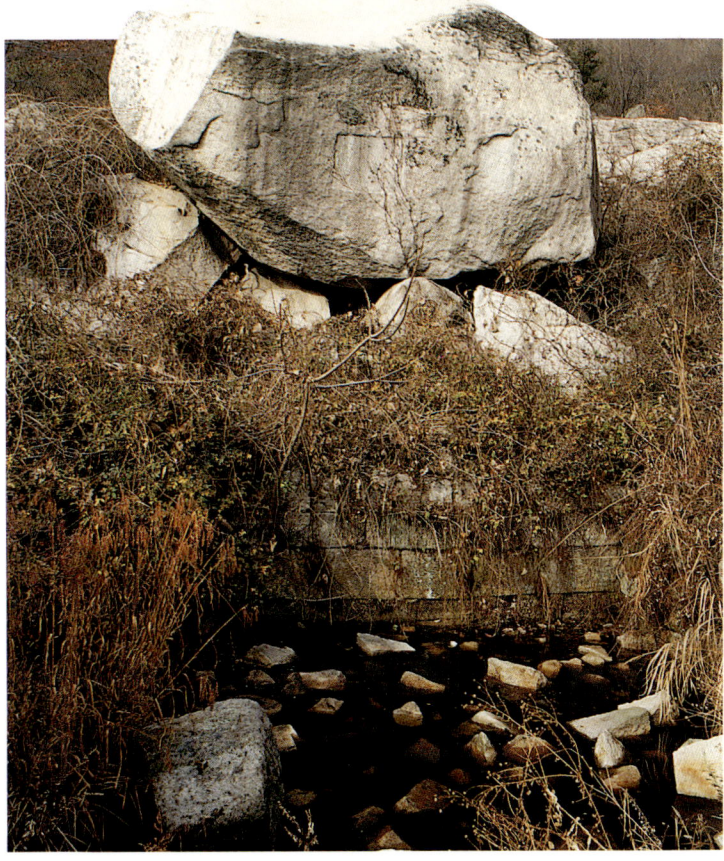

훈련도감 유영터
에 있는 못

현지 정밀 조사를 실시한 결과 봄, 여름엔 물이 넉넉하여 문제가 없으나 가뭄 때나 겨울철에는 부족하다고 판단, 이에 대한 대책으로 각 군문별로 담당 구역 안에 못을 파고 우물을 만들어 물을 저장토록 하였다.

개울 옆 빈터에는 땅을 파서 물을 대고 물이 나올 만한 곳에는 우물을 만들었는데, 숙종 38년 10월까지 99개의 우물과 26개의 못이 완성되었다.

계곡이나 사찰(터)을 답사해 보면 도처에서 못과 우물이 발견된다. 규모가 큰 우물(샘)로는 훈련도감, 어영청, 금위영 유영터에서 발견되며, 작은 우물은 사찰을 중심으로 많이 남아 있어 지금도 사용되는 것이 많다.

한편, 못은 대부분 매몰되어 자취를 찾기가 어려우나 대성암에서 대남문 방향으로 오르다 보면 약 15평 가량의 못에 지금도 물이 고여 있으며, 금위영 유영터 아래에서 발견되는 못은 매몰되어 흔적만 남아 있을 뿐이다.

기타 시설물

성 안에는 수려한 경관을 배경으로 정자가 세워졌고, 사찰을 중심으로 고승의 불덕을 찬양하거나 사리를 모신 탑, 비, 부도가 건립되었으며, 총융사의 선정비, 공덕비 등 여러 석조물이 곳곳에 남아 있어 흥미롭다.

「북한지」의 누관(樓觀)조를 보면, 성내 계곡에 항해루(沆瀣樓), 산영루(山映樓), 세심루(洗心樓) 등 3개의 누각이 있었던 것으로 기록되어 있으나 건립 시기는 확실치 않다. 「북한지」가 북한산성 축조 35년이 지난 뒤의 기록인지라 저술 당시 이미 없어진 것도 있었으며, 지금 남아 있는 흔적으로 용학사 앞 계곡에 장주형 초석 10개가 있을 뿐이다. 이곳을 주민들은 산영루 터로 알고 있으며 초석을 살펴보면, 3열로 배치되어 뒷열과 중간열은 각 4개, 앞열에는 2개를 두었다. 현재 산영루의 옛 모습을 전하는 사진이 여러 장 남아 있다. 사진을 보면 세검정과 같은 모양의 정자가 날아갈 듯 서 있고, 뒤쪽에는 마치 정렬해 있는 듯 10여 개의 선정비가 경사진 암반 위에 정연히 서 있는 모습이 보인다.

이 일대는 깊은 계곡의 폭포수와 넓은 암반 등 주위의 경관이 뛰어나 그 아름다운 자태를 음미해 볼 만하다. 1910년경 이곳을 방문한 독일인 신부는 정자 위에서 '아름다운 조선'이라는 감탄사를 연발했다고 한다.

건너편 암벽에는 '안사심상훈(按使沈相薰)' '김성근(金聲根)' '총융사 김공기석 청덕선정비(摠戎使 金公箕錫 淸德善政碑)' 등 여러 글이 새겨져 있어 옛날 이곳을 찾는 선인들의 발길이 잦았음을 추측해 볼 수 있다.

「북한지」를 보면 "항해루는 중흥동 입구에 있다. 계곡을 가로질러 언용교(偃龍橋)라는 작은 다리가 있고 그 위에 2층의 누각을 세운 것인데 승 성능이 세웠다. 대제학 이덕수(李德壽)가 엮은 상량문이 있다. 산영루는 중흥사 앞에 옛날 작은 다리를 덮고 누각을 세웠는데 지금은 없어졌다. 세심루는 서암사 앞 계곡에 있었다"라고 설명하고 있다.

용학사 앞 오솔길 주위에는 지금도 많은 비석들이 서 있어 '비석거리'로 불리고 있다. 이 비석들은 북한산성을 관리하던 총융사의 재임시 선정과 공덕을 기리기 위해 세운 것으로 대부분 1800년대의 것이며 애민선정비, 청덕선정비, 영세불망비 등이다.

예전에는 셀 수 없을 만큼 많은 비석이 있었다 하나 지금은 높이 2미터 안팎의 비석 21개가 남아 있다. 그러나 대부분 기울어지거나

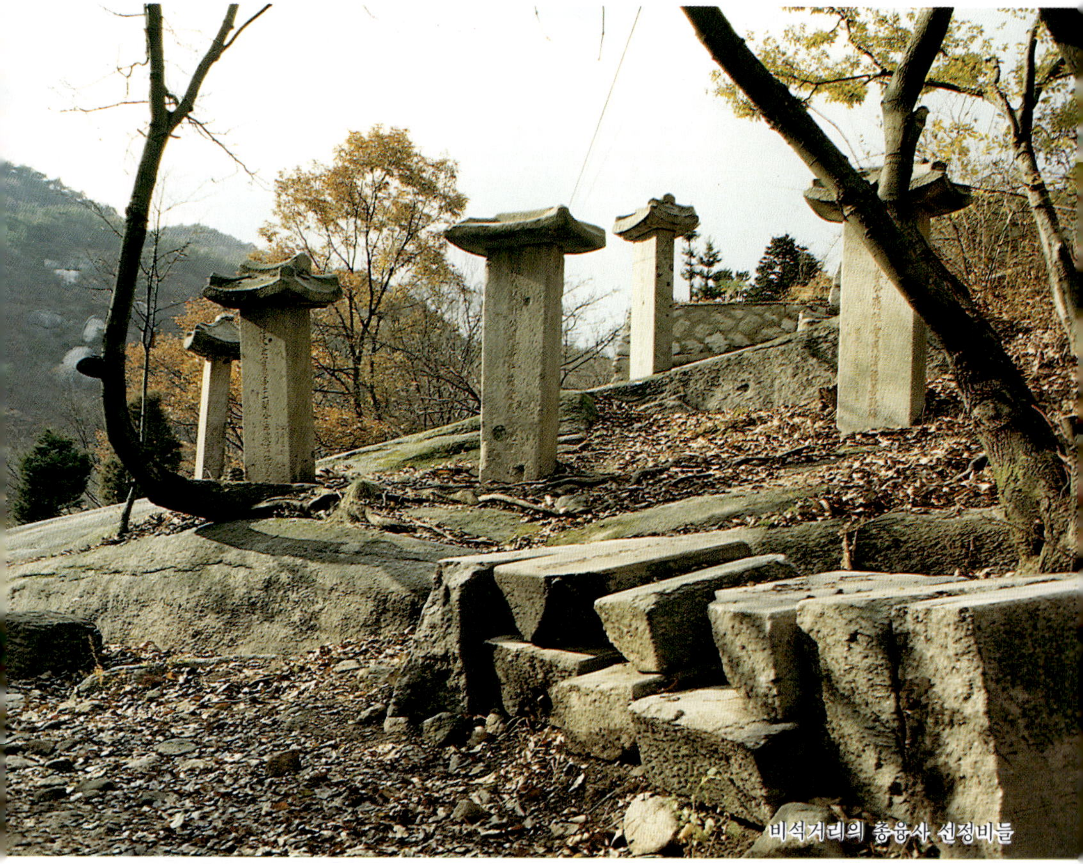

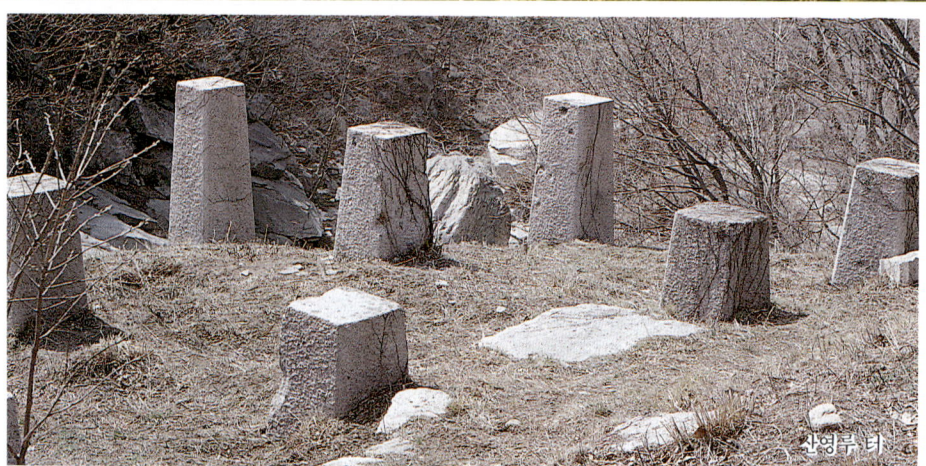

비석거리의 충용사 선정비들

삼영류 터

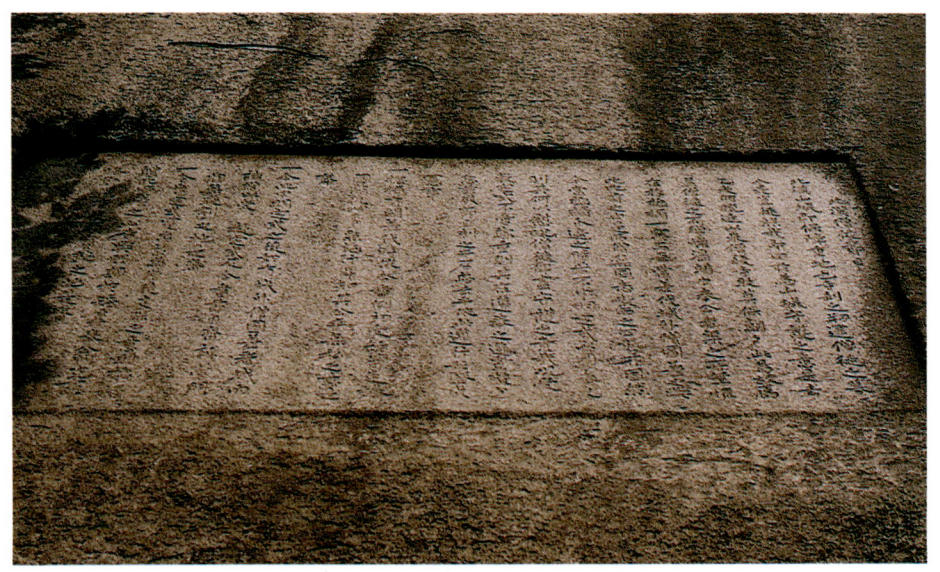

북한승도절목 용학사 아래에 있으며 가로 225센티미터, 세로 110센티미터 크기이다.

쓰러져 있고 옥개석은 땅에 떨어진 채 굴러다니는 등 폐허를 방불케
하고 있다. 쓰러진 비는 동강난 것이 많고 떨어진 옥개석은 흙 속에
묻히거나 길섶의 경계석으로 사용하고 있는 실정이다.

상태가 비교적 양호한 것 가운데 몇 개를 소개하면 '총융사 유공
상량 애민선정비(摠戎使 柳公相亮 愛民善政碑)' '총융사 조공의복
영세불망비(摠戎使 趙公義復 永世不忘碑)' '총융사 김공기후 애민청
덕선정비(摠戎使 金公基厚 愛民淸德善政碑)' 등이며 신헌(申櫶), 김문
근(金汶根), 민겸호(閔謙鎬) 등 낮익은 이름도 발견된다.

이와 함께 비석거리에는 또 하나의 귀중한 유적이 있다. 경사진
너른 암반에 '북한승도절목(北漢僧徒節目)'이라는 제목으로 319자가
새겨진 명문을 살펴보면 철종 6년(1885)에 만들었음을 알 수 있는
데, 승도의 우두머리 격인 팔도도총섭(八道都摠攝)의 교체 과정에서
생기는 폐단을 없애 산성 수호에 완벽을 기할 것을 촉구하는 준엄한
내용을 담고 있다.

보조 성곽의 축성

북한산성의 대역사가 단기간 안에 완료되자 전반적인 수비 보완 대책이 검토되었다. 우선 노적봉과 증봉 사이에 있는 협곡을 차단하는 중성(重城)의 수축이 요청되었으며, 성 밖 평창동에는 도성, 탕춘대, 북한산성을 연계한 이 일대의 완벽한 전략 거점을 마련키 위해 조지서(造紙署) 계곡을 날개 모양으로 차단하는 탕춘대성을 축성코자 하였다.

중성은 북한산성의 성내 시설물을 효과적으로 방어키 위하여 쌓은 반면, 탕춘대성은 배후에서 북한산성과 도성을 완벽하게 지키기 위하여 쌓았다.

중성

북한산성이 주위를 병풍처럼 두르고 있는 기암 능선에 의지하여 둥그렇게 축조되었음은 주지한 바와 같으나, 노적봉 기슭의 깊은 계곡에 들어서면 마치 허리띠 모양으로 또 하나의 성곽이 시설되었

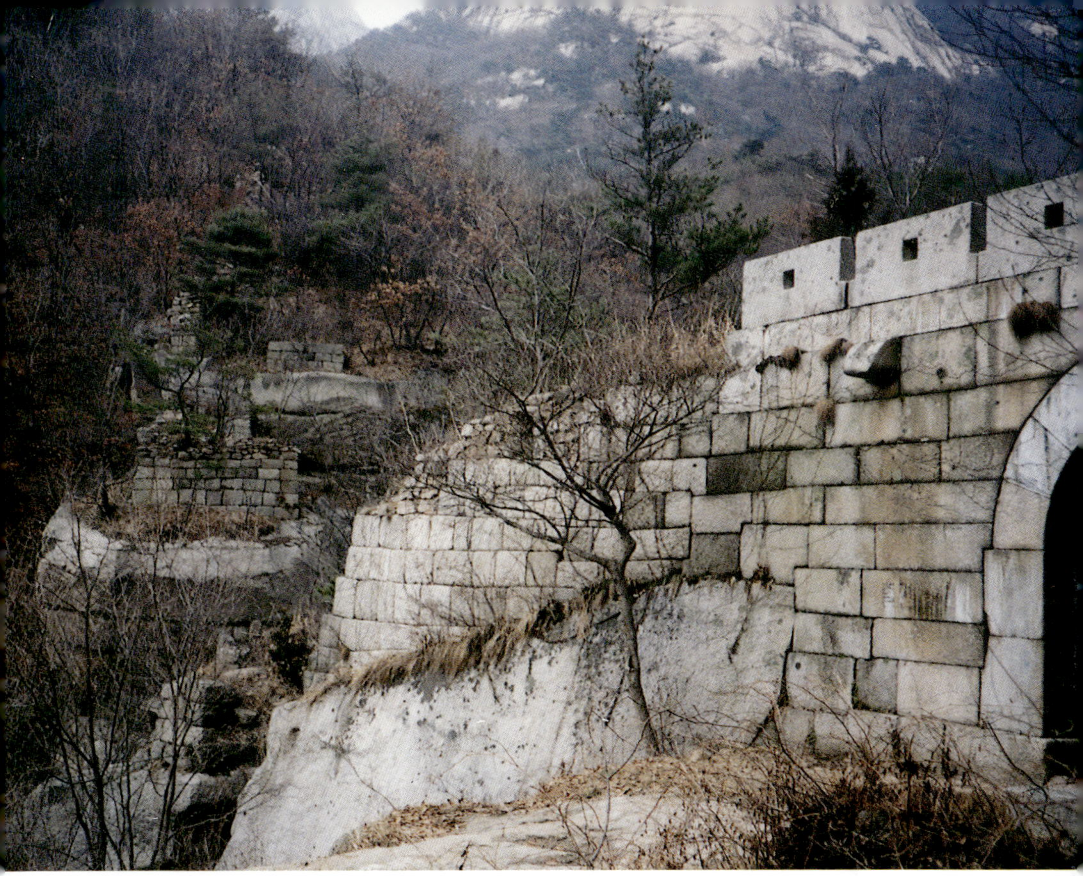

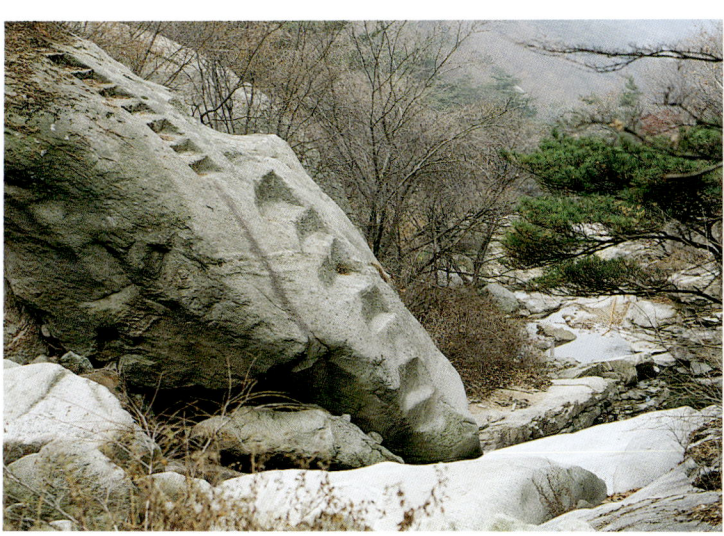

중성과 중성문(위)
중성의 수문터 성돌
을 쌓기 위해 암반
을 파 놓은 흔적이
남아 있다.(왼쪽)

음을 볼 수 있는데 이 성곽이 바로 중성이다.

당시 별도로 중성을 축조한 이유는 지형이 평탄하여 취약한 대서문 방면이 적에게 뚫리더라도 병목과 같은 이 일대 계곡을 차단하면 행궁을 비롯한 주요 시설과 인명을 보호할 수 있기에 이중으로 철옹성을 구축한 것이다.

북한산성 공역이 끝나갈 무렵인 숙종 37년 10월, 판중추부사 이이명은 계곡이 좁고 백제시대부터 고석성이 있던 기지를 중심으로 남으로 증봉과 북으로 영취봉을 연결하는 중성의 축조를 1차 건의한 바 있으며 숙종 38년 4월 이유에 의하여 재차 건의되었다.

숙종 38년 4월 10일 북한산성 시찰 때 현장을 직접 확인한 숙종은 중성을 쌓지 않을 수 없음을 판단하고 빨리 축조하도록 지시하니 그해 5월 3일 공역에 착수하여 수문 홍예의 축조, 결성(缺城) 보축과 함께 숙종 40년 가을까지 차례로 이루어졌다. 그러나 성곽을 답사해 보면 증봉과 영취봉을 연결하려는 당초의 계획을 크게 수정한 듯 길이가 약 200미터에 불과하다.

중성은 성내 주차장에서 백운대를 정면으로 볼 때, 오른쪽 계곡을 타고 행궁 방향으로 오르다 보면 폭 30미터 가량의 좁고 험난한 계곡을 중심으로 양쪽 산기슭에 날개 모양으로 펼쳐져 있으며, 성문으로는 중성문과 시구문, 수문을 두었다. 이 일대의 계곡은 천혜의 방어 지형을 갖추고 있다.

노적봉 줄기의 급경사 아래에는 대남문에서 시작되는 급류가 흐르고 있으며, 계곡에 있는 커다란 암반 2개를 적절히 이용, 개울을 가운데 두고 첫번째 바위까지는 수문, 두번째 바위까지는 시구문, 나머지 구간에는 중성문을 수축하였는데, 좁은 공간을 활용하여 이처럼 아기자기하게 축성한 것을 보고 있노라면 조상들의 지혜로움에 절로 고개가 숙여진다.

중성문은 대서문보다는 조금 작으나 당초 문루를 갖춘 큰 성문이었다. 문루는 오래 전에 없어지고 천장도 무너져 내렸으나 외관은 대체로 양호하며, 주위의 성벽도 부분적으로 훼손은 되었으나 옛모습을 여전히 보여 주고 있다.

문루가 있었던 육축 상부에는 잡목과 풀섶 사이로 원형 초석 5개가 희미하게 보이며, 전면에는 대서문에서 볼 수 있는 문루 여장 4개가 아직도 꼿꼿이 서 있고, 1개는 밑에 떨어져 있다.

중성문 바로 옆 암반 밑에는 폭 2.1미터, 높이 1.8미터 규모로서 겨우 한두 사람이 다닐 수 있을 정도의 작은 암문이 숨겨져 있다. 이 문은 성문이라고 부르기조차 주저할 정도로 초라한데, 중성문과 수문 사이에 있는 커다란 2개의 암반을 양 기둥으로 의지하여 만들었으며, 비록 규모는 작으나 서 있는 모습은 무척이나 앙증스럽다.

암반의 전면은 사람이 기어오르지 못하도록 거의 수직으로 다듬었으며, 암반과 암반 사이에는 사람이 통행할 수 있도록 간격을 두어 돌을 다듬은 뒤 길이 2.2미터 가량의 장대석 8개를 나란히 얹어 천장을 이루고, 암반에는 문짝을 달았던 흔적으로 빗장홈 2개가 시설되어 있다.

이 문은 원래 이름이 없었으나 성 안에서 생긴 시신이 중성문을 통하지 못하고 이 문을 사용했다 하여 시구문으로 부르고 있다. 이와 함께 시구문 옆에는 완벽한 방어력을 갖추기 위하여 수문을 시설하였다. 5미터 가량의 개울 위에 축조하였으나 이 일대의 개울 낙차가 심하므로 수압을 못이겨 오래 전에 없어져 버렸다. 그러나 좌우로 연결되었던 성벽은 지금도 뚜렷이 남아 있어 그 규모를 가늠케 하고 있다.

탕춘대성

세검정에는 홍지문(弘智門), 오간대수문(五間大水門)과 함께 좌우로 인왕산과 향로봉을 남북으로 연결하는 성곽이 있다. 탕춘대성으로 불리는 이 성곽은 조선 숙종 때 축성되었으나 완공을 보지 못한 채 쓸쓸히 남아 있으며 서울특별시 유형문화재 제33호로 지정하여 보호하고 있다.

탕춘대성은 북한산성의 외성에 해당되며 서성, 겹성으로도 불려지고 있는 점에서 북한산성에 딸린 보조 성곽으로 보아도 무방할 것이다. 일찍이 조지서동(造紙署洞)이라고 불리던 지금의 세검정 일대는 북한산성과 도성의 중간 지점으로 지형상 유리한 조건을 갖추고 있어 삼국시대부터 전략적 가치가 자못 높은 곳이었다.

이미 조선 효종 때 북한산성과 함께 이곳에도 성을 쌓을 것을 검토하였고, 숙종 29년(1703)에는 영의정 신완(申琓)에 의하여 축성이 건의되었으나 도성 수축론과 북한산성 축성론의 우세로 흐지부지되었다.

탕춘대의 중요성을 나름대로 뼈저리게 실감하고 시종일관 관철을 위해 노력한 사람은 판중추부사 이유였다. 이유는 조지서 골짜기를 막아 성을 쌓고, 강창(江倉)을 옮겨 설치한 뒤 북한산성을 내성으로 삼으면 만전을 기할 수 있음을 역설하며 탕춘대가 북한산성과 살을 맞대고 있는 형세이므로 만일 탕춘대를 지키지 못하면 북한산성도 고립되어 지킬 수 없음을 누누이 강조하였다.

숙종은 이곳의 지리적 조건을 감안하여 북한산성 축성 뒤 장의사터(현재 세검정 국민학교 자리)에 연융대(鍊戎臺)를 설치하는 한편 선혜청 창고와 상하 평창(平倉)을 설치하였다.

탕춘대의 당초 축성 계획은 세검정을 둥그렇게 둘러싸고 있는 향로봉, 비봉, 문수봉, 보현봉, 북악산, 인왕산을 토성으로 연결하여 전란시 도성 백성과 자재를 안전하게 이곳으로 옮기고자 하였다.

탕춘대성은 숙종 39년 축성에 착수하였으나 공역이 지지부진한 가운데 2년 만에 겨우 홍지문과 오간대수문을 준공하고 그 양변에 익성(翼城) 일부를 쌓았다. 이렇듯 공역이 지지부진한 원인은 반대론이 비등하였기 때문이다.

동지사 이광좌(李光佐)는 축성이 불가한 사유로 탕춘대는 우묵하게 가라앉은 데다 옹색하여 불리한 형세이고 현재 9천여 명의 군사로 도성 한 곳도 지키기 어려운데 무슨 병력으로 세 곳의 성곽을 수비할 것인가 하는 점과 큰 성곽을 잇달아 쌓았을 때 한 성곽이 먼저 패하면 나머지 성곽도 연달아 동요하여 지킬 수 없는 점을 내세웠다.

도성 고수론자들의 거듭된 반대로 공사가 중단되고 자기를 비난하는 중신들이 많아지자 낙담한 이유는 홀연히 도성을 떠나 버려 세자의 애를 태우게 한 적도 있었다.

숙종 44년 8월 축성이 재개되어 서변부터 공역을 착수하였으나 2,200여 보의 성지(城址)를 축성하던 중 채 완성을 보지 못하고 다시 중단되었다. 그리고 보현봉, 형제봉, 북악산을 잇는 능신은 내룡지맥(來龍地脈)으로 축성치 못하고 다만 동쪽 능선 가운데 홍수로 패인 부분을 보토(補土)하고 사초를 덮는 데 그쳤다.

그 뒤 백성의 원성을 야기시켜 온 경리청을 폐지할 것과 축성 반대론이 다시 비등해지자 급기야 숙종과 세자마저 중론을 어쩔 수 없어 숙종 45년 탕춘대성 정파(停罷)를 결심하게 된다.

탕춘대성에는 약 2,800미터의 성곽과 홍지문, 오간대수문, 작은 암문 등 3개의 문이 있다. 홍지문과 오간대수문은 문루가 퇴락하여 1921년 1월에 주저앉았고, 그해 8월 장마로 수문마저 떠내려 간 것을 서울특별시 도성복원위원회에서 1977년 7월에 주변 성곽을 포함하여 복원한 것이다.

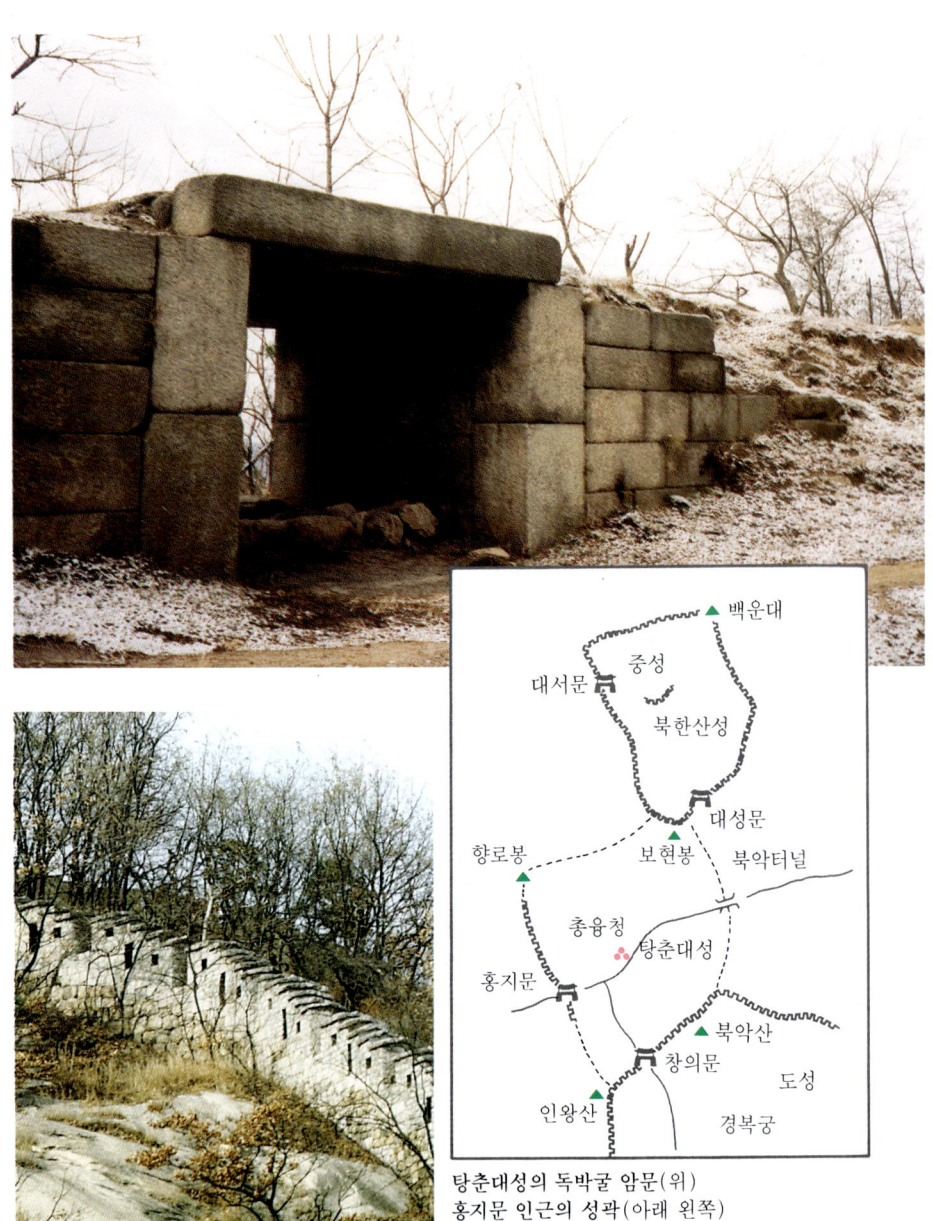

탕춘대성의 독박굴 암문(위)
홍지문 인근의 성곽(아래 왼쪽)
북한산성, 탕춘대성, 도성 배치도(아래 오른쪽)

홍지문은 홍예 형태의 육축 위에 정면 3칸, 측면 2칸의 우진각 지붕을 한 단층 문루가 있으며 한성의 북쪽에 있다 하여 한북문(漢北門)이라고도 한다. 그러나 숙종이 친필로 '홍지문(弘智門)'이라는 편액을 하사하여 달았으므로 정식 명칭은 홍지문이다.

모래내 위에 걸쳐 있는 오간대수문에는 홍예 형태의 수구 5개가 연이어 있어 장관을 이루고 있으나 문루가 복원되지 않아 옛날의 모습을 상상하기가 어렵다. 홍은동 뒷산에 있는 암문은 옛날 인근에 독박굴이라는 자연 촌락이 있어 흔히 독박굴 암문이라고 부른다.

현지 답사를 통해 살펴보면 홍지문, 오간대수문과 그 좌우로 완축된 성곽은 숙종 39년에 쌓은 구간임을 알 수 있으나 상명여자대학 뒷담부터 향로봉에 이르는 약 2,600미터 구간은 성벽이 1미터 안팎에 불과하고 성첩도 없어 숙종 44년에 쌓다가 중단한 구간으로 생각된다. 그리고 홍지문 남쪽의 성곽이 끝나는 곳에서부터 부암동 뒷산과 인왕산 정상까지는 성곽이 보이지 않는 것으로 보아 당초부터 축성치 않았던 것으로 추정된다.

사찰 건립

북한산에는 옛날부터 무수한 사찰이 있었다. 고려 현종(顯宗)이 어린시절 머리를 깎고 중이 되어 숨어 살아온 신혈사(神穴寺)가 비봉 북쪽에 있었다. 그 뒤 경술년의 난과 거란의 침입 때 이 일대 지리에 밝은 현종은 개성에 있던 고려 태조의 재궁(梓宮 ; 임금의 관)을 비봉 남쪽 향림사(香林寺)로 일시 옮긴 적이 있었다. 노적봉 아래에는 적석사가 있었으나 그 자리에는 북한산성 축성 뒤에 훈련도감 유영이 들어섰다.

문수봉 중턱에 자리잡은 문수사(文殊寺)는 문수굴 천장에서 떨어지는 맑은 약수와 오백 나한의 소상을 모신 나한전 때문에 유명했다. 뛰어나게 아름다운 절경과 참선 도량으로 명망이 드높던 이 절이 돌이끼 아롱지던 석굴도 예전의 모습이 아니며 눈부시던 단청도 이제는 보이지 않으나 낭랑한 염불 소리와 후한 인심은 예나 지금이나 변함이 없다.

모친이 문수굴에서 백일 기도한 뒤 잉태한 연고로 인하여 이승만 전 대통령은 82세의 고령에도 불구하고 몸소 이 절을 찾아 '문수사(文殊寺)'란 사액을 남기기도 했었다.

비봉 동쪽에 있는 승가사(僧伽寺)에는 거대한 암벽에 조각된 5미터 높이의 마애 석가여래 좌상과 석굴 안에 모셔져 있는 승가 대사의 석불이 있어 더욱 유명하다. 부왕동 암문 밖 삼천동에 있던 삼천사(三千寺)는 암벽에 우아하게 새겨진 마애 여래 입상이 특히 아름답고 마애불의 은은한 미소를 바라보며 사색에 잠길 수 있는 아늑한 계곡이 함께 있어 더욱 좋다. 이 절은 근년 들어 아담하고 깔끔하게 중건되었으며 경내에는 석종탑과 5층탑이 있다.

마애불로부터 약 1.5킬로미터 가량 삼천골을 따라 올라가면 증취봉 자락의 울창한 숲속에서 방대하게 흩어져 있는 삼천사의 옛 터를 만나게 된다. 임진왜란 때 소실된 절터에는 지금도 거대한 석축이 여러 곳에 남아 있고 그 위에는 주춧돌과 기단석, 석등 받침 등 석조물이 사방에 널려 있어 웅장하던 자취를 말해 준다.

삼천사 터 유구의 백미는 아무래도 대지 국사 탑비(大智國師塔碑)의 귀부(龜趺)를 들 수 있을 것이다. 세상사의 번거로움을 모두 잊은 채 믿어지지 않을 만큼 우람하고 독특한 모습의 귀부를 보고 있노라면 마치 꿈속을 헤매는 기분에 빠져든다.

고려시대 이영간(李靈幹)이 지은 탑비는 비록 보이지는 않으나 거북 모양의 비석 받침과 운룡문(雲龍紋)으로 가득 찬 탑머리는 원형을 그대로 간직하고 있으며 그 옆에는 부도의 지대석으로 보이

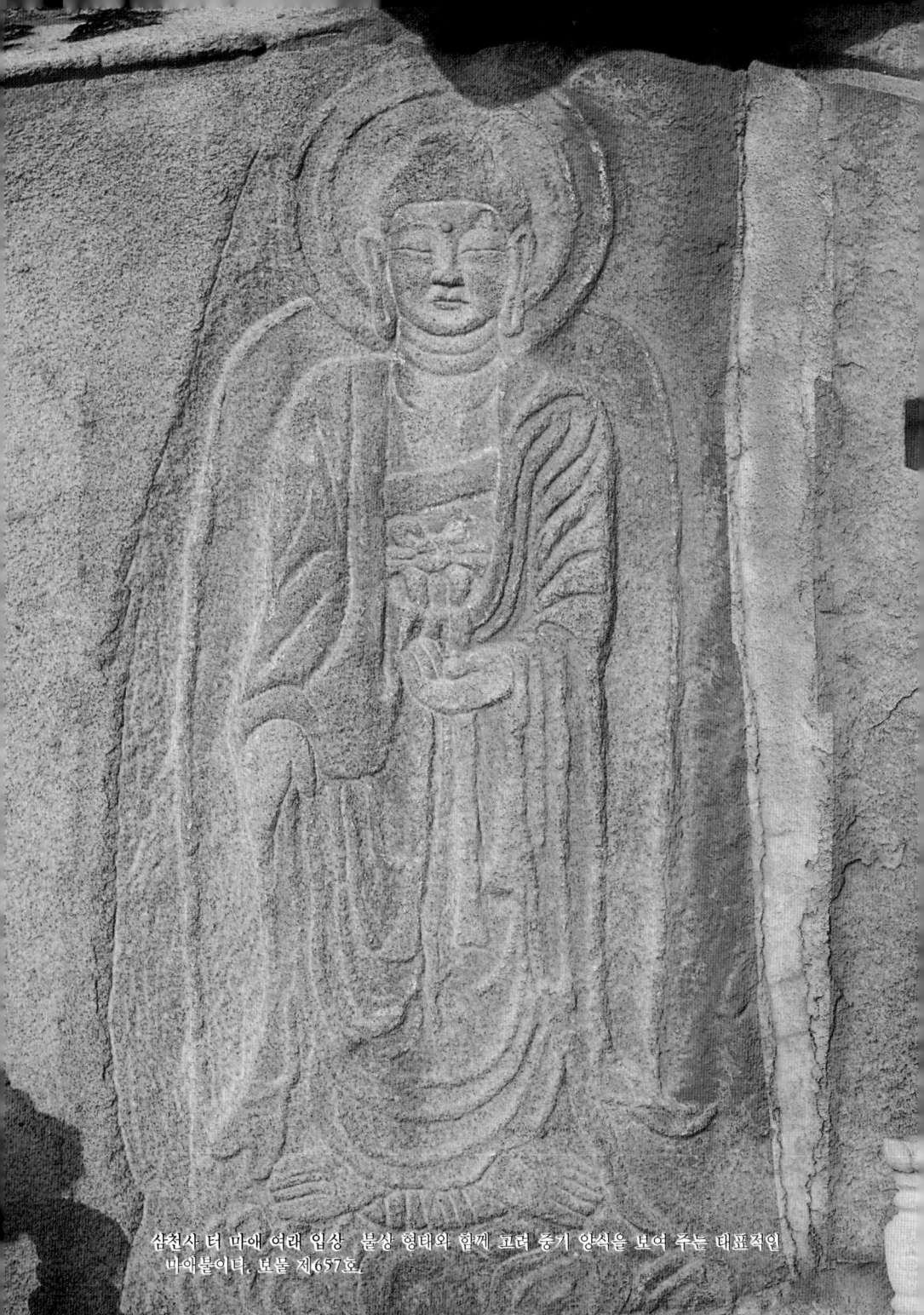

심천사 터 마애 여래 입상 불상 형태의 한끼 코려 중기 양식을 보여 주는 대표적인
마애불이녀. 보물 제657호.

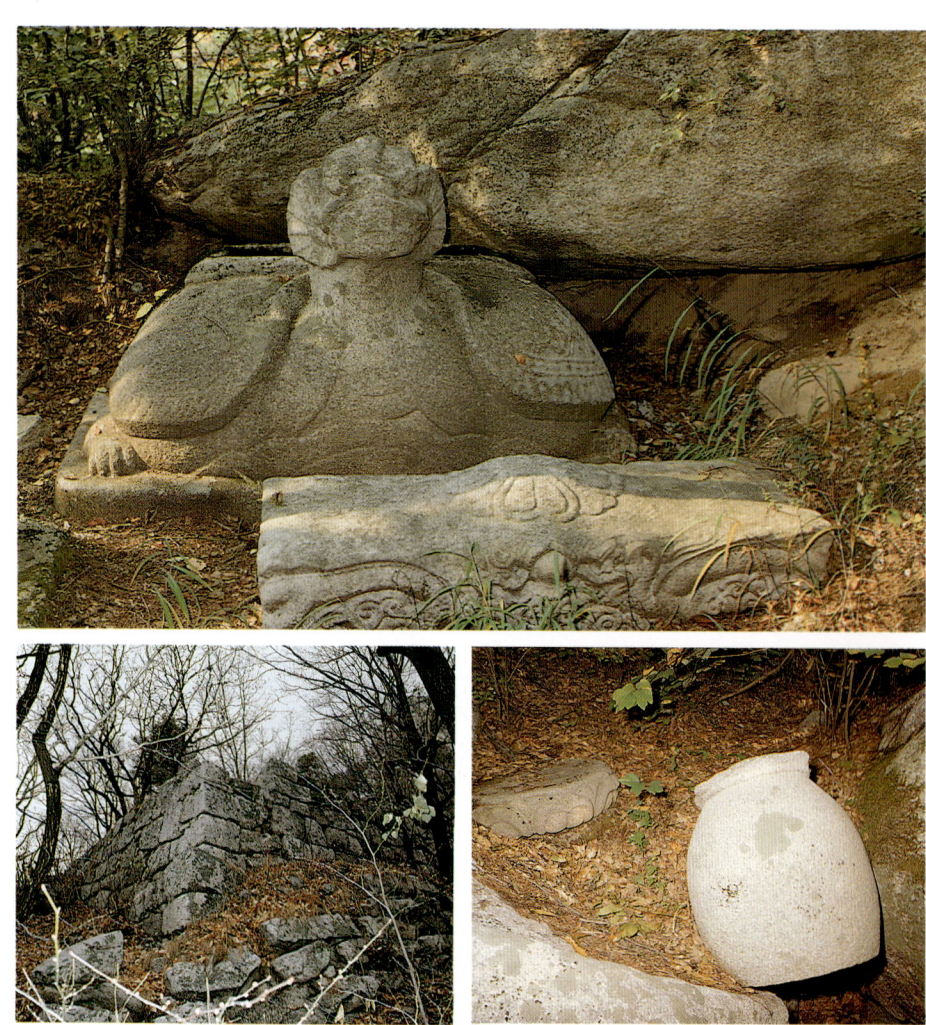

삼천사 터에 있는 대지 국사 탑비 귀부의 모습(위)과 증취봉 자락의 울창한 숲속에
있는 삼천사 터의 석축(아래 왼쪽) 그리고 넘어져 있는 부도(아래 오른쪽)

는 네모난 석조물이 남아 있다.

삼천사 서쪽에 있는 진관사(津寬寺)는 고려 현종 때 진관 국사를 위하여 창건된 유서깊은 사찰로서 한국전쟁 때 폐허가 된 것을 1964년에 복원한 바 있으며 주위의 노송과 더불어 고풍스런 맛을 풍기고 있다.

대동문 밖 우이동에 있었던 조계사(曹溪寺), 도성암(道成菴)은 북한산을 찾았던 문인들이 자주 유숙했던 사찰이었으나 지금은 그 자취를 찾기가 어렵다.

북한산에는 축성 이후 수비 문제를 해결키 위하여 산성 안에 대대적인 불사의 건립을 추진하였다. 이는 임진왜란 이래 호국을 위하여 헌신한 스님들을 이용하기 위함이었는데, 승병의 필요성은 진작부터 인정되어 주요 산성에 승병들이 주둔하여 수비의 일익을 담당하여 오고 있었다.

당시 성 안에는 중흥사 하나만 있었는데, 북한산성 완공 다음해인 숙종 38년부터 영조 10년 사이에 용암사(龍岩寺), 보국사(輔國寺), 보광사(普光寺), 부왕사(扶旺寺), 서암사(西岩寺), 원각사(元覺寺), 국녕사(國寧寺), 상운사(祥雲寺), 태고사(太古寺), 진국사(鎭國寺) 등 10개의 사찰과 봉성암(奉聖庵), 원효암(元曉庵) 등 2개의 암자가 이 시기에 창건되어 승도(僧徒, 僧兵, 僧軍)들의 병영과 훈련장, 창고로 사용되었다.

이때 투입된 막대한 자금을 조달키 위하여 조정에서는 공명첩(空名帖)을 발행하였으며 스님들의 열의가 대단하여 성공리에 건립을 마칠 수 있었다. 그러나 사찰의 역사를 승도들에게 전적으로 맡김에 따라 첩문(帖文)을 가지고 재물을 모으는 등 민폐를 끼친 일이 있어 원성을 사기도 하였다.

당시 건립된 사찰의 위치를 보면 전통의 가람 배치 방식을 고집하지 않고 대부분 성문에서 가까운 지점에 자리함으로써 산성 수비가 건립 목적의 주된 요인이었음을 엿볼 수 있다. 조정에서는 이미 시행되고 있는 남한산성의 승도 운영 방식에 따라 각도의 사찰에 명을 내려 1년에 6차례에 걸쳐 번갈아 승병을 뽑아 올리게 하여 이곳 사찰에 주둔케 하였는데 이들을 의승(義僧)이라고 불렀다.

숙종 40년 4월에는 승도의 정원을 350명으로 정하고 11개 사찰에 각각 수승(首僧) 1명과 승장(僧將) 1명을 두었으며, 이들을 총지휘하는 본부로서 승영(僧營)을 설치하고 지휘관으로 승대장 1명을 임명한 뒤 팔도도총섭에 겸임케 하여 제반 군사무 및 사찰 관계를 지휘케 하였다.

이렇게 산성 수비와 무술을 닦는 생활로써 도성의 북쪽 요지를 지켜오던 승도들은 갑오개혁(1894) 이후 강제 해산되었으며 사찰들은 임오군란, 의병 전쟁 등 제국주의 침략에 저항해 온 투쟁과 한국전쟁의 와중에서 급격히 몰락한 채 한 세기 이상 공백기를 맞고 있다.

근대 불교사 연표에 의하면 1882년 6월 발생한 임오군란 때 훈련도감 소속 군인들이 경외(京外)의 사찰들을 방화하였다고 한 것으로 보아 이때부터 피해를 입기 시작한 것으로 보인다. 더욱이 1905년 11월 을사조약 체결 이후 수년 동안 계속된 치열한 의병 항전과 의병 전쟁으로 인하여 사찰의 수난이 극심하였으니 산중에 있는 사찰 가운데 화를 당하지 않은 곳이 한 곳도 없었다.

일본군과 대항하는 의병들이 대부분 산중에 근거를 두었기에 의병들을 진압한다는 구실로 불당과 불상을 모두 불 지르고 승려들을 쫓아 냈다고 하니 일본군이 지나간 곳은 잿더미로 변한 절터만 남았을 뿐이다.

수도 서울 배후에 산성까지 갖춘 천연의 요새가 있었으니 의병들의 은신처를 없애기 위한 일본군의 잔혹한 행위는 극에 달했을 것으로 생각된다. 이는 일본군 헌병 분견소를 성 안 중흥사에 장기간

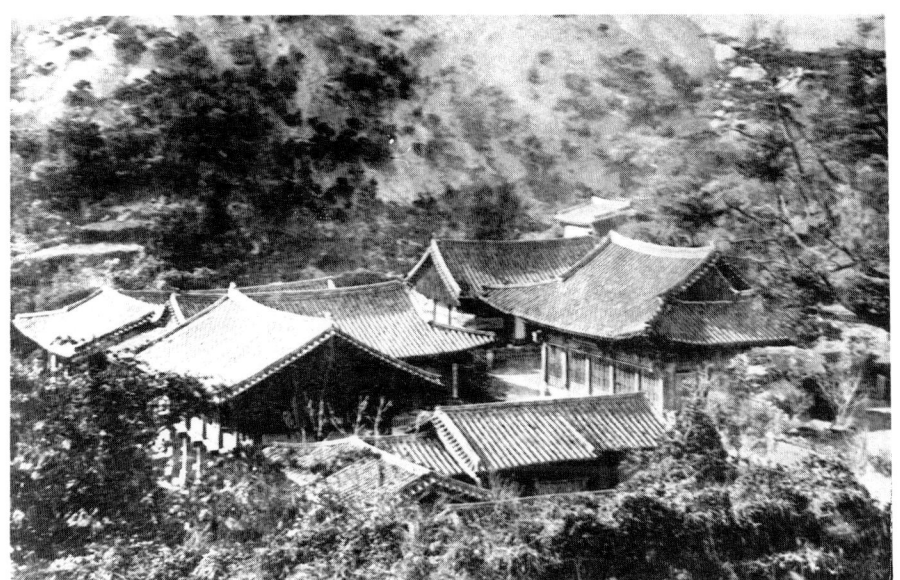

중흥사의 옛 모습 중흥사는 거찰이었다. 「조선고적도보」를 보면 중흥사의 전경, 대웅전, 대웅전의 내외부, 극락전, 전륜전 등 6장의 사진이 수록되어 있다.

두었던 것만 보아도 익히 알 수 있는 일이다. 임진왜란과 을사조약 이후 2년 동안의 병화를 한국 사찰의 2대 재앙이라고 한다니 북한 산성 안의 사찰이라고 예외가 될 수는 없었다.

당시 건립된 사찰 가운데 1904년 8월 소실된 중흥사를 비롯하여 보국사, 보광사, 서암사, 국녕사, 용암사, 진국사, 원각사 등 대부분의 사찰과 성내 시설물들이 모두 이때를 즈음해서 소실된 것으로 생각된다.

이를 더욱 뒷받침하는 것은 조선총독부에서 1916년 실시한 고적 조사에서 위의 7개 사찰이 모두 폐사지로 보고되어 있다. 그나마 명맥을 유지하던 부왕사, 태고사, 상운사, 원효암, 봉성암마저 8·15 해방 뒤 혼란기와 한국전쟁을 거치면서 수년 동안 방치되어 붕괴

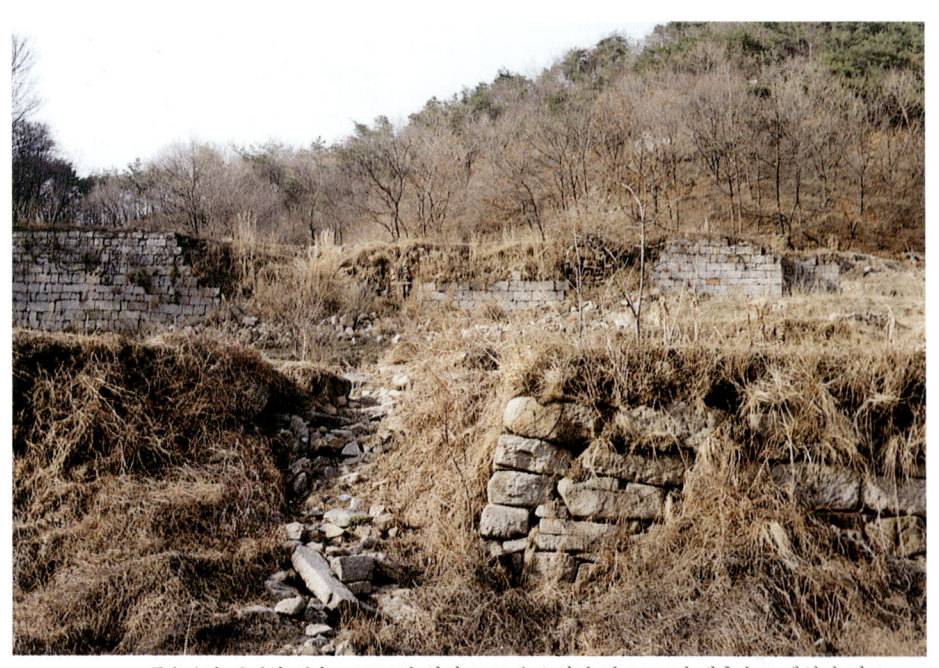

중흥사의 거대한 석축 1904년 원인 모르게 소실된 뒤 1915년 대홍수로 폐허가 되고 말았다.

되거나 소실되는 비운을 맛보았다.

한국전쟁이 끝난 지도 어언 40년 세월이 흘렀건만 몇 개 사찰만 초라하게 재건되어 겨우 명맥을 유지하고 있을 뿐 여타 시설물이 있던 자리는 잡초에 묻혀 그 흔적만을 간신히 알아볼 수 있으니 안타까운 일이 아닐 수 없다. 지금은 태고사, 상운사, 원효암만이 당시의 규모에는 미치지 못하나 금당과 요사 등 불사의 모습을 갖추고 있으며, 진국사 터에는 노적사라는 절이 들어서 있고, 국녕사와 봉성암 자리에는 퇴락한 가건물 형태의 암자가 자리하고 있다. 또한 보광사, 원각사, 보국사, 서암사는 폐사된 지 오래 되고 유구도 남아 있지 않아 정확한 위치조차 파악하기 어려운 실정이다.

중흥사

중흥사는 성 안 중심지인 노적봉 남쪽 기슭에 자리하고 있다. 뒤쪽은 산으로 둘러싸여 팔을 벌려 안고 있는 모습이며, 전면은 남쪽을 향한 채 높게 위치하여 한눈에 명당터임을 실감할 수 있다. 왼쪽에는 최공전지(崔公戰地)라 하여 고려 최영 장군이 주둔하였다는 전설이 서려 있는 장군봉이 있다.

고려 때 창건된 중흥사는 당초 30여 칸의 퇴락한 고찰이었으나 숙종 39년 100여 칸을 중건하여 136칸의 대찰을 이룬 뒤 팔도의 승군을 총지휘하는 팔도도총섭이 배치된 승영이었다.

이 절은 사철 시인 묵객으로 성시를 이루어 왔으나 1904년 8월 원인 모를 화재로 말미암아 소실되고 말았다(「조선고적도보」에는 1909년에 이재를 당한 것으로 기록됨). 화재 뒤에 소규모로 재축되어 의병 전쟁이 한창이던 1907년 이래 일본군 헌병 분견소가 배치되었으며, 1915년 8월의 집중 폭우시 노적봉의 산사태로 말미암아 마침내 폐허로 변하고 말았다. 그 뒤 뜻있는 독지가에 의하여 돌담을 쌓는 등 다시 재건 의도가 있었으나 자금 조달이 원활치 않아 중단되었다고 한다.

상하부로 이뤄져 있는 거대한 석축 위에 올라서면 양편의 면적이 1,000여 평은 족히 되어 대찰이 있었음을 알 수 있다. 그러나 산사태의 피해가 극심하였던지 유구는 거의 보이지 않는다. 다만 초석으로 보이는 돌 몇 개와 무수한 기와조각만이 밭고랑 사이에 흩어져 있을 뿐이다. 초입에 있는 석축은 돌의 빛깔이 검은 것으로 보아 숙종 시대 이전부터 있어 온 것으로 생각되며 높이가 2, 3미터, 너비가 50여 미터로 400여 평에 달한다.

이 석축이 자연 상태의 둥근 막돌로 거칠게 쌓은 반면, 상부에 있는 석축은 화강암을 잘 다듬어 정교하게 쌓아 축조 시대를 달리하고 있음을 보여 주고 있다. 상부에 있는 석축은 돌이 깨끗하고 이끼가 없는 것으로 보아 1915년 산사태 이후 재건할 때 다시 쌓은 것으로 추정된다.

무너진 석축 사이에서 불에 탄 기와조각이 다수 발견되는 것이 이를 증명하고 있다. 이 석축은 높이 2 내지 4미터, 너비가 80미터 700여 평 가량 되며, 석축 중간 부분이 오목하게 들어가 있는 것을 볼 때 만세루(萬歲樓)가 있었던 자리임을 알 수 있다.

이와 함께 상하의 큰 석축 사이에도 작은 석축이 2개소 있다. 전(殿)의 배치를 보면 남북 중심축을 기준으로 좌우로 대칭을 이루고 있는 모양으로, 누문(樓門) 형태의 만세루 밑을 통하여 절 안에 들어서면 정면에 한북 중흥사 대웅보전(漢北重興寺 大雄寶殿)이 있었고, 동쪽에는 극락보전(極樂寶殿), 서쪽에는 전륜전(轉輪殿)과 나한전(羅漢殿)이 있었으며, 만세루 좌우에는 승방으로 사용하던 행각이 있었다. 웅장하고 창연했던 대웅전에는 석가여래, 관세음보살, 지장보살 등 삼위의 불상을 모셨으며, 좌우에는 행자(行者)와 존자(尊者)의 소상을 장식하였다.

2층 구조인 만세루에는 고금 명사의 시구를 새긴 판액을 걸었고 북쪽에는 큰 부도를 안치했었다고 한다. 또한 중흥사 입구 계곡에는 "중흥동문(重興洞門)" 넉 자가 새겨진 비가 있었고 동쪽 기슭에는 석탑이 있었다 하나 그 소재를 알 길이 없다.

태고사

태고사는 중흥사의 부속 암자로서, 중흥사 동쪽 가파른 산기슭에 자리하고 있다. 일찍이 고려의 고승 원증 국사는 호가 태고 또는 보우(普愚)로서 동쪽에 태고암을 세우고 기거하면서 설법을 강론하고 학문 연구에 매진하였다. 태고암은 잦은 난으로 황폐된 것을 숙종 39년 승 성능이 131칸으로 중창하며 태고사로 칭하였다. 그러나 북한산성의 대대적인 불사 신축 때 현존하는 사찰로 중흥사 1

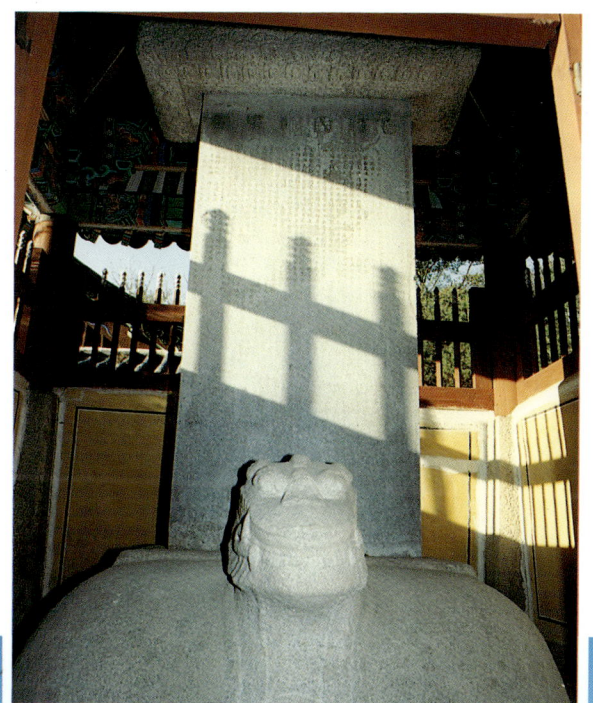

태고사 원증 국사 탑비 태고사 경내에 있으며 전체 높이 3.42 미터, 비신 높이 2.27미터인 화강암 석비이다. 장방형의 대석은 거북 모양으로 간결하게 조성되어 있으며, 지붕이 붕괴된 채 흙에 묻혀 있던 것을 1979년 복원한 것이다.(왼쪽)
태고사 대웅전과 탑비의 비각(아래)

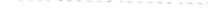

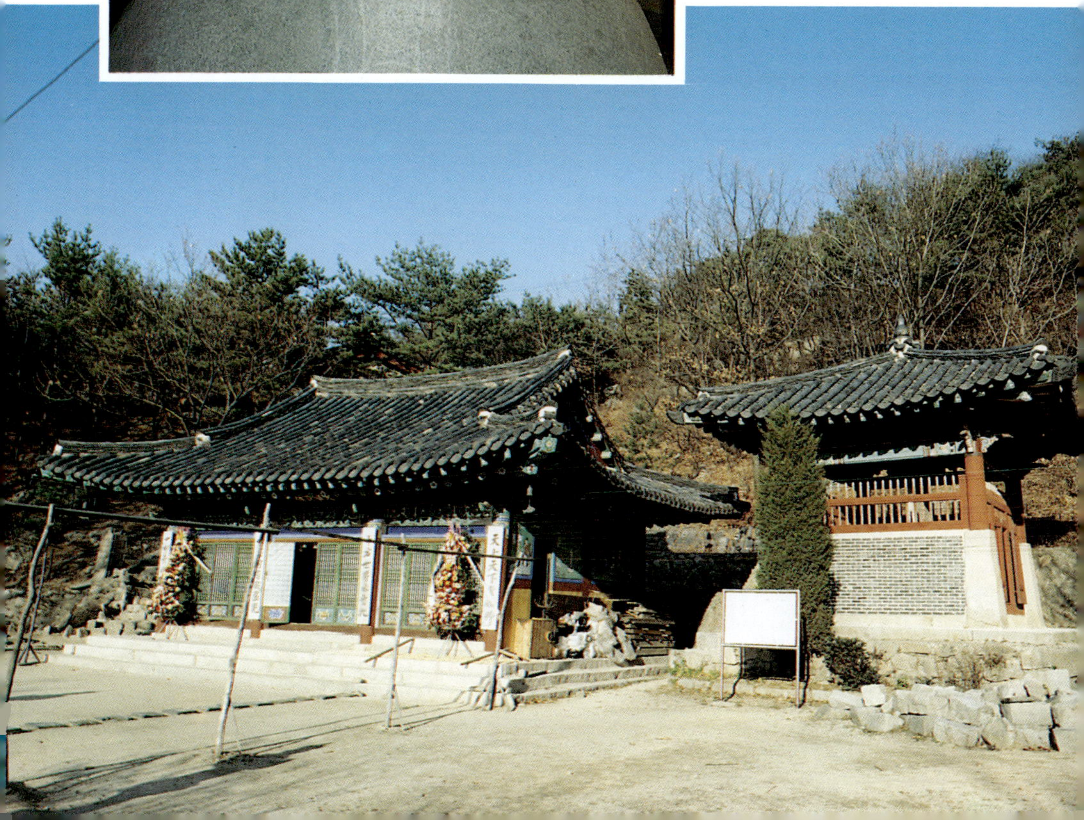

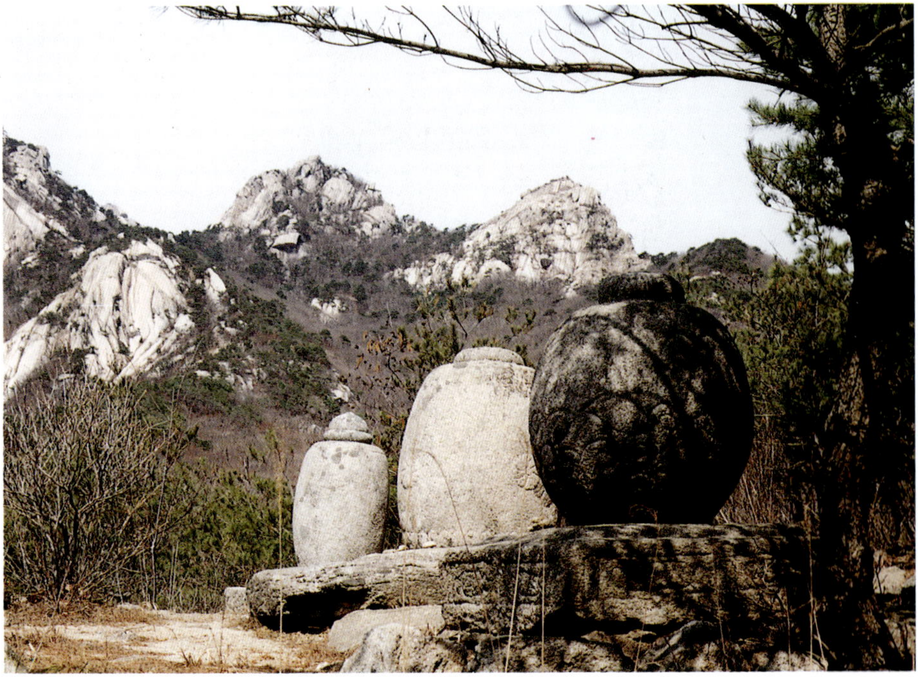

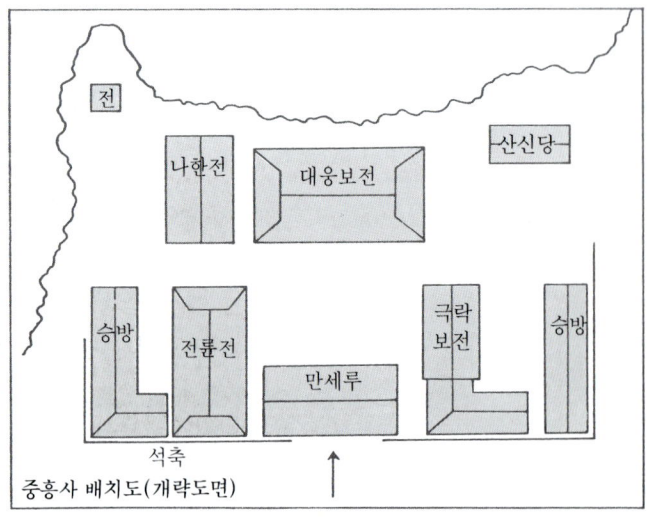

태고사의 부도

중흥사 배치도(개략도면)

개소만 거론한 것을 보면 축성 당시에는 소멸되었던 모양이다.

경내에는 서산 대사 휴정(休靜)의 청허시(淸虛時)를 담은 현액(縣額)과 영조의 친필 현액이 있는 등 유서깊은 사찰이었으나 한국전쟁을 전후한 혼란기에 퇴락하여 붕괴된 채 잡초더미에 묻혀 있다가 김청암(金靑岩) 현주지에 의해 1968년 대웅전과 산신각을 재건하였고, 요사는 1990년 건축하여 오늘에 이르고 있다.

태고사에는 여러 문화 유적이 있어 더욱 흥미롭다. 경내에 있는 원증 국사 탑비(圓證國師塔碑)는 고려 우왕 11년(1385)에 세운 것으로 비문은 이색(李穡)이 썼으며, 보물 제611호로 지정 보호하고 있다.

내용은 원증 국사의 출생부터 입적에 이르는 내력을 적은 것으로, 비문 가운데에는 이성계가 고려의 신하로서 이 비를 세우는 데 참여하였음을 보여 주는 "판삼사사 이성계(判三司事 李成桂)"란 글이 새겨져 있다. 또한 절 뒤 산등성에는 보물 제749호로 지정된 높이 4미터의 화강암 3층석탑이 우아한 자태로 서 있다. 이 탑은 원증 국사의 부도로, 한국전쟁을 전후한 혼란기에 도굴되어 30여 년 동안 무너진 채 방치되는 비운을 겪기도 하였으며 이때 꼭대기의 보주(寶珠)와 탑신부의 옥개석이 일부 훼손되었다. 건립 연대는 원증 국사 탑비와 비슷한 시기로 추측되나 도굴된 것을 차례로 올려놓을 때 제대로 균형을 맞추지 못하여 점차 붕괴가 우려되는 실정이다. 한편 경내에는 5층석탑이 있었다 하는데, 일제 시대에 경성 헌병대로 옮겨간 뒤 그 소재를 알 길이 없다.

부왕사

산영루 터 앞에 있는 계곡을 건너 부왕동 암문 방향으로 오르다 보면 "청하동문(靑霞洞門)"넉 자가 새겨진 큰 바위 옆을 지나게 된다. 유선대(遊仙臺)로 여겨지는 바위를 지나 왼쪽으로 산기슭을 오르면 휴암봉의 울창한 숲속에서 부왕사 터를 만나게 된다.

절터에 들어서면 우선 십여 개의 장주형 초석이 방문객을 압도한다. 옛날에는 누문(樓門) 형태의 법당이 있었건만 법당은 사라진 채 높이가 1.7미터, 둘레가 2.4미터나 되는 거대한 초석(기둥으로 보아야 할 듯)이 3열로 16개가 도열해 있다.

돌기둥을 뒤로 높지 않은 석축에 올라서면 앞에 뜰이 있고 전면과

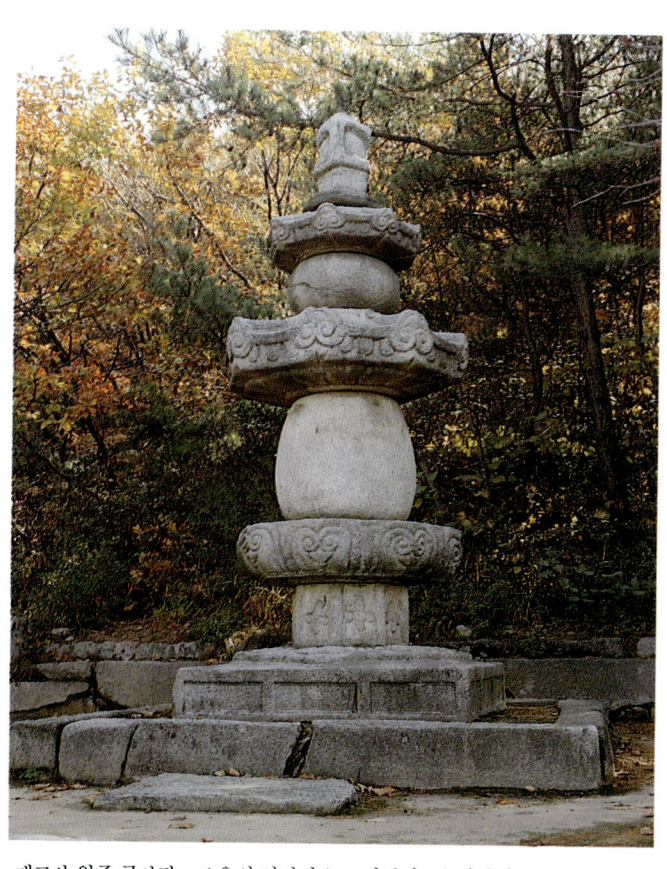

태고사 원증 국사탑　보우의 사리탑으로 화강암 3층석탑인데, 500여 년의 모진 세파를 잘 견딘 채 지금도 우아한 모습을 자랑하고 있다. 이 부도는 도굴된 채 방치되어 있다가 비각 복원 뒤 1980년 10월 복원되었다.

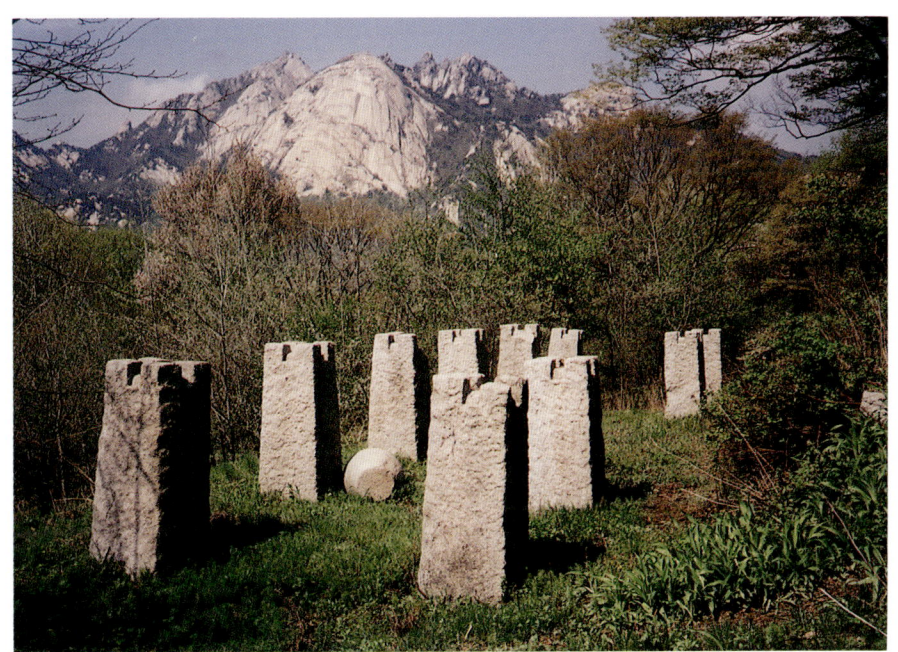
부왕사의 거대한 초석　장주형 초석 사이로 부도가 넘어져 있다. 1989년 촬영.

우측으로 법당터가 보인다. 이곳에 서면 법당의 기단석, 향불을 올려
놓는 대석(臺石), 쓰러져 뒹구는 탑과 비, 왕이 드실 한약을 달일
때 쓰였다는 샘, 깨어지지 않은 채 남아 있는 기와 등이 아주 생생하
여 마치 환상을 보는 기분이다.

　전면 계단 위의 터는 대웅전이 있었던 자리이며, 현재 움막이
있는 곳은 요사가 있던 자리이다. 대웅전 뒤쪽에는 왼쪽으로 칠성각
이 있었고 오른쪽으로 명부전이 있었다. 왼쪽 샘터 진입로를 따라
선방(禪房)이 있었던 터가 두 군데 남아 있다. 이와 함께 물 좋기로
소문난 샘물과 함께 약초 재배에도 명성이 드높아 지금도 약초 재배
단지가 누문터 옆에 남아 있다.

부왕사는 여러 전설을 간직하고 있는 유서깊은 사찰이다. 사찰의 배치가 북향인 점이 특이하나 더할 수 없을 만큼 주위가 아늑하여 무릉도원을 방불케 한다. 위치가 좋아 고려시대부터 절이 있었다는 전설이 들리며, 이성계가 조선을 개국하기 전 백일 동안 기도를 올리던 곳이기도 하다.

부왕사는 숙종 43년 131칸 규모로 창건된 이후 1939년 영산전(靈山殿)과 별당(別堂)을 중건하였으며 1944년에는 동쪽 기슭에 수도원(修道院) 6칸을 지어 확충하였으나 1951년 한국전쟁 때 퇴락하여 붕괴되었다.

이 절은 부황사(扶皇寺, 浮皇寺)로 혼용되어 불리고 있으나 경내에 있는 오래 된 비석을 보면 "부황사(栿皇寺)"로 새겨져 있다. 한편 부왕동 암문 방향으로 조금 오르면 오른쪽으로 북한산 굿당이 나타난다. 북한동 주민들은 3년마다 돈을 염출, 이곳에서 산신제를 정성껏 치르며 마을의 무사 안녕을 기원하고 있다.

보국사

보국사 터를 파악하는 데는 많은 어려움이 있었다. 사찰의 위치와 규모는 「북한지」에만 전하고 있는데 "보국사는 금위영 아래, 보광사는 대성문 아래, 금위영은 보광사 아래에 있다"고 소개하고 있다. 그러나 금위영이건기비를 보면 "금위영 유영을 보국사 아래로 이전하였다"는 내용이 나오며 '북한도'에는 보국사가 금위영 유영의 위쪽에 그려져 있는 등 「북한지」의 내용과는 정반대의 위치를 나타내고 있다.

따라서 보국사가 금위영 유영의 위에 있었느냐 아래에 있었느냐 하는 판단을 요구하였으나 결론으로 얻은 것은 보국문과 금위영 유영 사이에 보국사가 있었음을 확신할 수 있었다. 이는 '금위영이건기비'와 '북한도'의 내용도 그렇거니와 성 안 사찰의 위치를 살펴보면 공통적으로 산성 수비의 효율성을 높이기 위하여 행궁, 창고 등 성내 시설보다 높게 자리잡아 성문과 가까운 산중턱에 건립한 것을 발견할 수 있다.

보국문에서 성 안으로 계곡을 따라 100미터 가량 똑바로 내려가면 등산로 좌우로 약 300평 정도 되는 건물터 두 곳이 보이는데 이곳이 바로 보국사 터로 추정된다. 창건 당시는 177칸의 큰 사찰이었으나 막돌로 쌓은 석축과 깨진 기와조각만 보일 뿐 주춧돌이 보이지 않는 것으로 보아 오래 전에 멸실된 것으로 보인다.

보광사

보광사는 대성문 아래에 71칸 규모로 창건되었다는 기록만 전해지고 있다. 보국문에서 대성문 방향으로 산허리에 난 등산로를 따라 걷다 보면 2개의 건물터가 연이어 나타난다. 이곳은 대성문 쪽으로 가까우며 금위영 유영터에서 보면 위쪽이 된다. 꽤 넓은 터에 제법 잘 쌓은 석축이 있는 것을 보면 굳이 '북한도'를 펼쳐 보지 않더라도 보광사 터가 틀림없다는 확신이 서게 된다.

용암사

북한산장 앞에는 넓은 공간과 함께 물이 늘 풍부한 샘이 있어 예부터 많은 사랑을 받아 왔는데, 이곳이 바로 용암사가 있던 자리이다. 1950년대까지만 해도 샘터 옆에 큰 소나무가 한 그루 있어 흔히 '외소나무 터'로 불리었다 하는데 언젠가 없어지고 말았다.

용암사는 일출봉 아래에 남향으로 87칸 규모로 아담하게 건립되었으나 오래 전에 없어지고, 현재 무너진 탑과 함께 법당이 있었던 자리에 석축이 남아 있으며 주위에는 기와조각이 무수히 널려 있다. 용암사는 용암문과 인접하여 이 일대의 수비를 담당하였으며 승병들의 훈련장으로 사용되기도 하였다.

원각사

「북한지」에 의하면 원각사에 대한 설명으로 "재증봉근동칠십사간
승신초소창(在甑峰近東七十四間僧信楚所刱)"이라고 기술되어 있다.
이로써 원각사는 증봉에서 가까운 동쪽에 스님 신초에 의해 74칸
규모로 창건되었음을 알 수 있다.

원각사 터는 부왕동 암문에서 가까운 전방에 동향으로 자리잡고

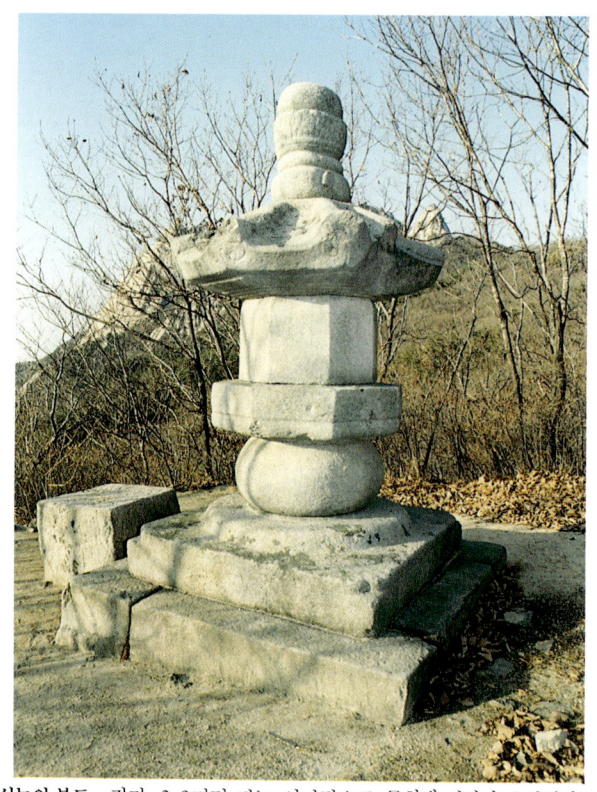

성능의 부도 키가 2.8미터 되는 사리탑으로 문화재 지정이 요청된다.

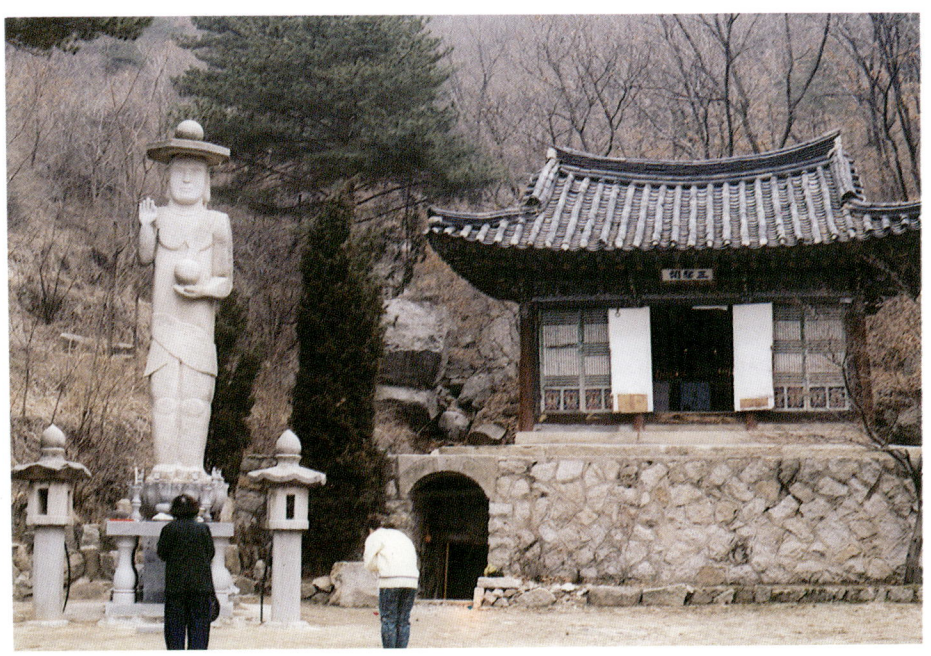

노적사의 석불과 삼성각 모습

있다. 이 일대는 인적이 드물고 연중 무성한 잡목으로 덮여 있어
식별이 쉽지 않은 실정이다. 대웅전이 있었던 자리로 보이는 400
평 가량의 터에는 많은 기와조각과 함께 무너진 석축이 30미터
가량 남아 있으며 아래에도 100, 200평 되는 터가 3, 4개소 연이어
나온다. 원각사는 위치로 보아 부왕동 암문 일대의 수비를 담당한
듯하나 오래 전에 소멸되어 그 유래를 알 수 없다.

진국사

진국사(鎭國寺)는 노적봉 서쪽 기슭의 작은 능선 안에 아늑하게
자리하고 있었다. 중성문을 지나 왼편 산기슭을 조금만 오르면 노적

사(露積寺)라는 절이 보이는데, 주위가 무척 조용하고 정갈하다.

진국사는 승 성능에 의해 85칸 규모로 창건된 뒤 오래 전에 소멸되었으며, 지금 보는 노적사는 1960년대 이후 새로 지은 것이다. 건물은 대웅전과 삼성각, 요사로 이루어져 있으며 삼성각 앞에는 6미터 높이의 석불 입상이 있고 대웅전 앞에는 근년에 세운 종각이 있다.

국녕사

중성문 조금 못미쳐 오른쪽으로 의상봉을 바라보며 가사당 암문 방향으로 오르다 보면 거대한 암벽 밑에 자리한 국녕사를 만날 수 있다.

이 절은 창건 당시 86칸의 아담한 규모였으나 오래 전에 소멸되고 30여 년 전에 지은 가건물 형태의 암자가 같은 이름으로 명맥을 이어 왔다. 그러나 안타깝게도 1991년 10월 화재로 소실된 뒤 지금은 불탄 법당터에 천막을 쳐 놓고 그 안에 부처를 모시고 있는 실정이다.

절 초입에는 선방(禪房)이 있었던 넓은 터가 있으나 현재는 텃밭으로 쓰고 있으며, 그 옆의 암반 위에는 유래를 알 수 없는 한월당대선사(漢月堂大禪寺) 부도가 있다. 국녕사는 위치로 보아 절 뒤쪽에 있는 가사당 암문(속칭 국녕문) 일대의 수비를 맡은 것으로 보인다.

상운사

상운사는 영취봉 아래에 위치하고 있는데, 백운대에서 내려다보면 북문 왼편으로 대웅전의 지붕이 웅장하게 보인다. 사찰 주위에는 원효봉, 영취봉, 백운대, 만경대, 노적봉의 수려한 암릉이 병풍처럼 둘러쳐져 있으며, 전면으로는 높지 않은 능선 위로 햇살이 늘 따갑게 비친다.

상운사는 경종(景宗) 2년 133칸 규모로 창건된 이후 순조(純祖) 13년 중창되었으며 고종(高宗) 원년에 극락전을 중건하는 등 산성 안에서 큰 절이었다. 상운사는 한국전쟁 때 대부분 소실되었으나 그 뒤 대웅전과 삼성각, 종각, 요사를 건립하여 제법 절다운 면모를 갖추고 있다. 경내에는 부서진 탑이 주저앉아 있고 금당 옆의 수백 년 된 향나무가 상운사의 역사를 대변해 주고 있다.

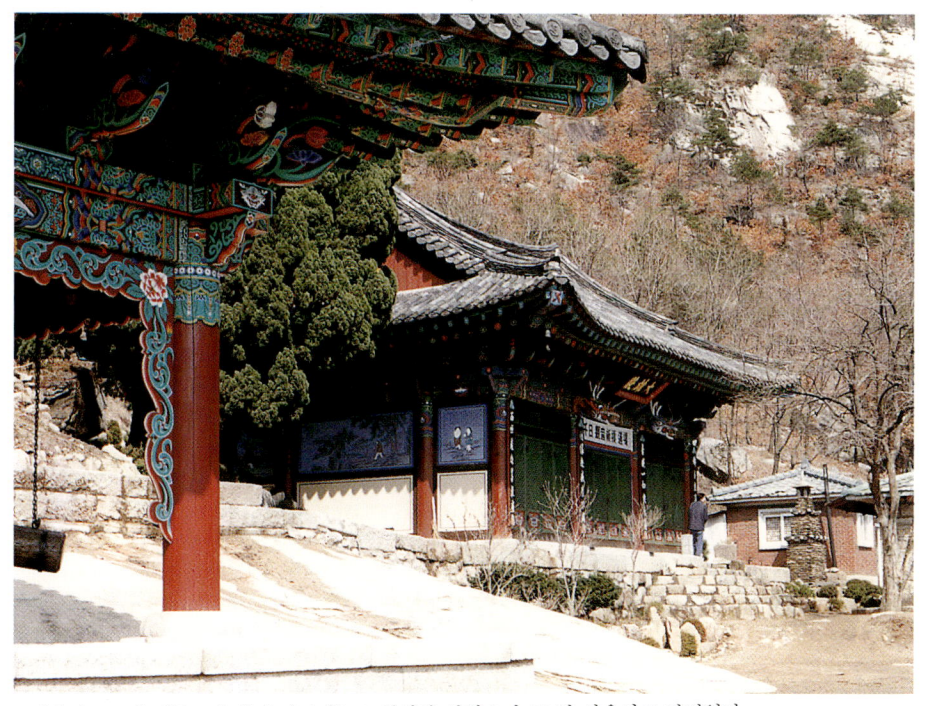

상운사　조선 경종 2년 창건 당시에는 노적사라 하였으나 그 뒤 상운사로 바뀌었다.

서암사

서암사는 수구문 안에 133칸 규모로 창건되었으며, 처음에는 민지사(閔漬寺)로 불렀었다. 수구문 안에는 민공유서(閔公遺棲)라 하여 고려 문인공 민지(閔漬)가 살던 터와 민지암이라고 부르던 바위가 있었다고 한다. 북한산 국민학교 앞 산성 매표소를 지나 북한천을 끼고 계곡을 올라가면 수문터를 지나자마자 가로수 산장과 만나게 된다. 이곳은 터가 꽤 넓어 서암사 터가 아니었나 하는 생각이 들게 하는데, 지대가 낮고 수문과 정면으로 마주 보고 있어 절이 들어설 입지로 보이지는 않는다.

산장 뒤쪽으로 난 길을 따라 80미터 가량 올라가면 조금 높은 곳에 넓은 터가 나타난다. 면적은 300평 가량 되어 보이며, 이곳을 지나서도 넓은 터가 연이어 있다. 수풀로 덮인 터에서는 많은 기와 조각이 발견되고, 개울 쪽에는 군데군데 무너진 석축이 30미터 가량 남아 있다. 또한 산기슭에는 담장터로 보이는 흔적도 남아 있어 서암사 터라는 확신이 서게 된다. 서암사는 수문과 가까운 위치에 있는 것으로 보아 수문 일대의 수비를 맡은 듯하다.

봉성암

봉성암은 태고사 뒤쪽 산중턱에 자리하고 있으며 태고사, 진국사, 원효암과 함께 승 성능에 의해 창건되었다. 창건 당시에는 25칸이었고 철종 11년에 중수한 바 있었으나 1918년 강제 폐사된 뒤 태고사에 합병되기도 하였다.

봉성암은 한국전쟁 때에 소실되었다고 하며, 지금 보이는 10평 정도의 가건물은 30여 년 전에 지은 것이다. 암자 초입에는 보연당 부도가 있고 뒤쪽에는 성능의 사리탑으로 전해지고 있는 부도가 서 있으며, 뜰에는 네모난 화강암으로 만든 정방형의 우물이 남아 있어 눈길을 끈다.

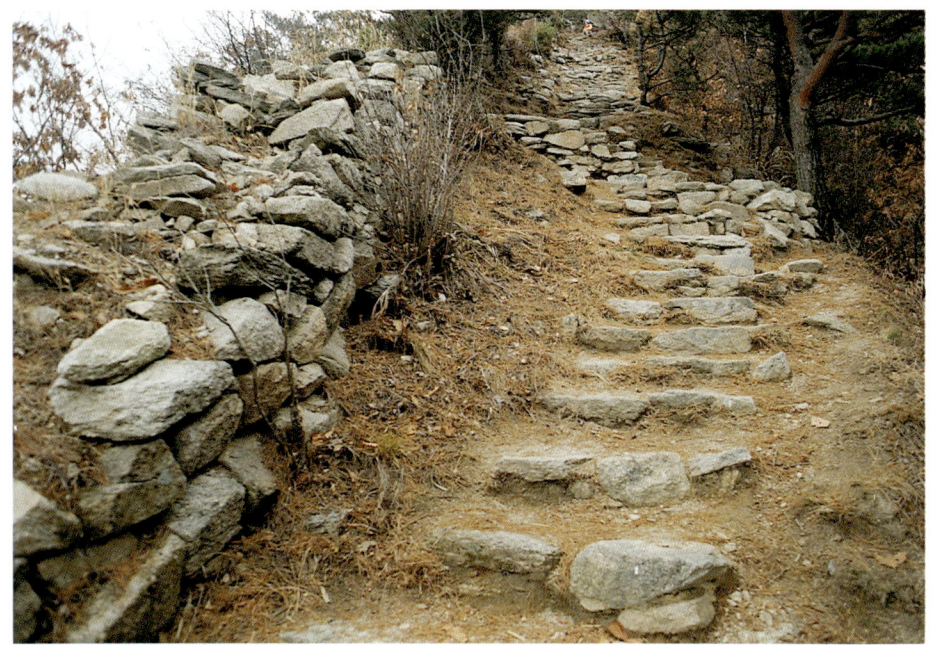

원효암 오르는 길 성곽 옆에 계단식으로 길을 낸(治道) 흔적이 고스란히 남아 있다.

원효암

원효암은 서암문과 원효봉 사이의 높은 곳에 위치하고 있으며, 신라의 고승 원효 대사가 좌선했다는 원효대가 부근에 있다.

원효암은 영조 10년에 비록 10칸 규모의 작은 암자로 창건되었으나 의상봉과 마주하고 있으며 절벽 아래로 대서문 일대가 한눈에 내려다보이는 등 명당터임을 쉽게 알 수 있다. 이 절은 1935년 한때 소실된 뒤 중건되었다가 다시 한국전쟁 때 소실되는 비운을 당하였으나 새로이 금당과 산신각, 요사가 조촐하게 건립되어 노거수 밑에 감추어져 있다.

북한산성 찾아가는 길

　하루에 답사 가능한 시간과 거리, 교통편 등을 생각하여 5개 권역
으로 나누었다. 등산을 겸한 유적 답사는 이왕이면 북한산 전역으로
범위를 넓혀 시도해야 다양한 체험을 맛볼 수 있을 것이다.

1코스 북한산성 남측
　문수사→대남문→청수동 암문→치성(나한봉)→남장대 터→행궁
터→상창터→금위영 유영터(금위영이건기비)→어영청 유영터→대
성문

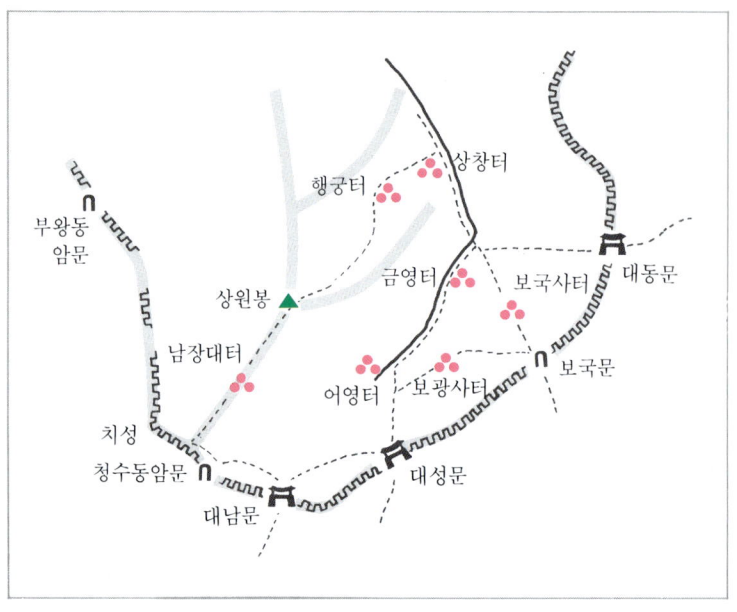

2코스 북한산성 북측

수문터→서암사 터→서암문→원효암→북문→상운사→북장대
터(기린봉)→훈련도감 유영터→노적사→중성→하창터→대서문

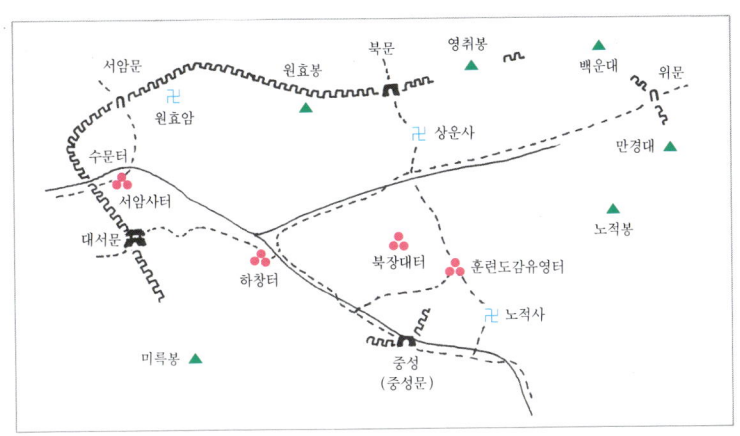

3코스 북한산성 동측

도선사→용암문→용암사 터→
중흥사 터→산영루 터→총융사
선정비, 북한승도절목→백운동문
각자→부왕사 터→북한산 굿당→
중창터→태고사(원증 국사 탑비,
부도군, 원증 국사탑)→봉성암
(성능 부도)→곡성(반용봉)→
동장대 터(시단봉)→대동문

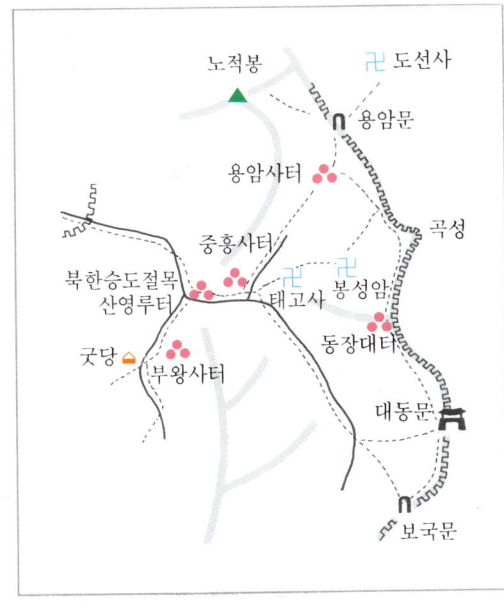

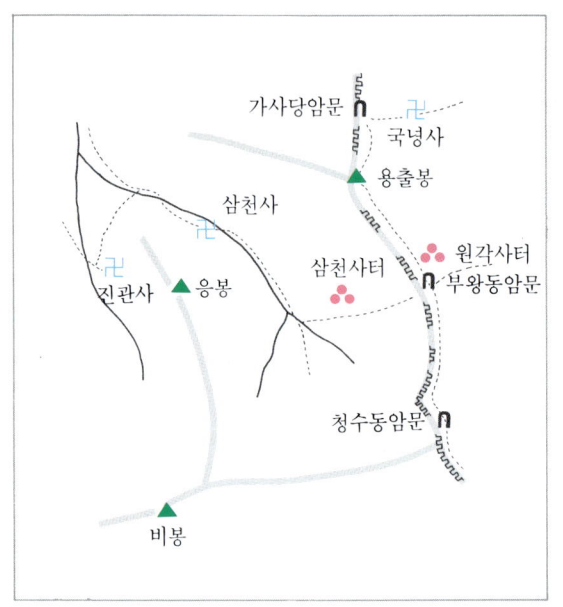

4코스 북한산성 서측

진관사→삼천사(마애불)→ 삼천사 터(대지 국사 탑비 귀부)→부왕동 암문→ 원각사 터→용출봉→가사당 암문→국녕사→대서문

5코스 탕춘대성

홍지문·오간대수문→세 검정→장의사지 당간지주 (세검정 초등학교)→독박 굴 암문→성벽길→향로봉 →북한산 순수비 유지(비 봉)→승가사(마애 석가 여래 좌상)→평창터

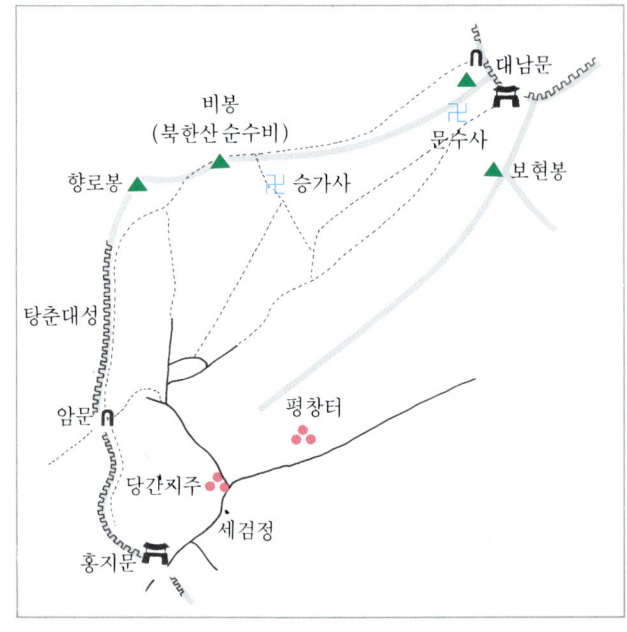

맺음말

북한산성은 우리가 잘 보존하여 후세에 물려주어야 할 성곽 문화 유산이다. 비류, 온조가 백제를 건국하기 위하여 북한산을 찾았고, 신라 진흥왕은 국경을 넓힌 후 이곳 비봉에 순수비를 세웠다.

고려 현종은 거란이 침입했을 때 태조 왕건의 재궁(梓宮)을 이곳 향림사에 옮기고, 자신은 성내의 중흥동(重興洞)으로 피난한 적이 있었다. 요동정벌을 꿈꾸던 최영 장군이 성을 고쳐 쌓고 주둔했던 곳이 바로 중흥동이다.

조선시대에는 축성 이후 숙종과 영조가 행궁(行宮)을 찾았고 그 밖에 수많은 불자들이 내왕하며 크고 작은 발자취를 남긴 바 있다. 더욱이 산성을 수축하며 말없이 스러져간 민초들과 호국 의지를 불태우며 고난을 무릅쓰고 산성을 지킨 군사와 승병들. 이처럼 민초들의 넋과 선인들의 숨결이 배어 있는 북한산성이 폐허가 된 것은 불과 한세기 전의 일이다.

성안에 들어서면 많은 유적지와 유물들이 역사와 단절된 채 숲속과 풀섶에 그대로 방치되어 있는 실정이다. 우리는 더 늦기

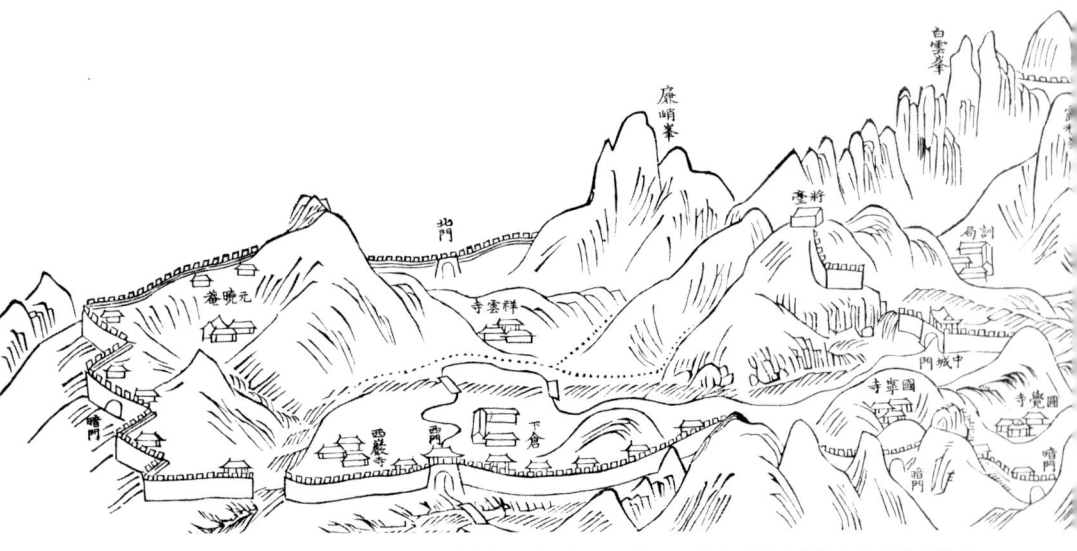

북한도 축성 당시의 북한산성을 그린 것으로 성능 스님이 편찬한 「북한지」(1745년)에

전에 북한산성을 사랑하고 잘 간직하려는 마음가짐으로 중지를
모아야 한다.

필자가 십수년 간의 답사 경험을 토대로 15군데의 터에 안내
표지판을 건립, 옛이름을 찾아준 바 있으나 이는 시작에 불과하
다. 앞으로 우리가 할 일은 많다.

첫째, 북한산성의 상징인 행궁터를 발굴, 역사의 현장으로 가
꾸어야 한다. 특히 행궁의 내전이 있던 곳은 상태가 양호하며
덮여 있는 흙과 낙엽을 걷어내면 기단과 초석 등 옛모습이 말
끔하게 드러날 것이다. 그런 후 사적지를 연결하는 역사 탐방
코스를 개설하였으면 한다.

둘째, 옛터와 사찰 문화재에도 관심을 가져야 하겠다. 고려시
대의 대찰이었던 삼천사터는 워낙 방대하여 지표 조사가 선행
되어야 한다. 이곳 깊은 숲속에 방치되거나 흩어져 있는 대지국

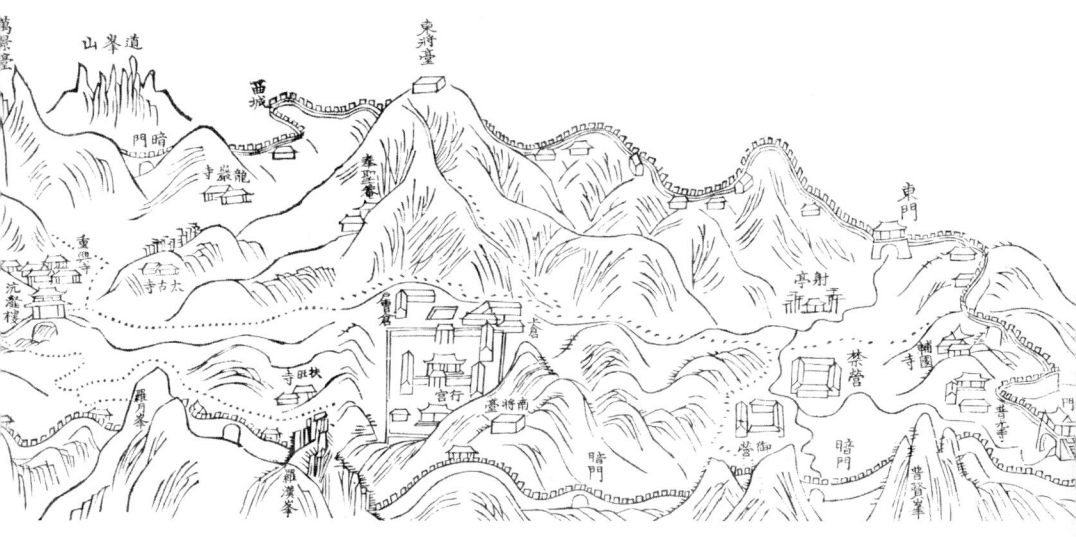

수록되어 있다.「북한지」는 북한산성에 대한 역사지리서이다.

사탑비의 귀부와 부도, 석조물들을 수습하고 제자리를 찾도록
하는 노력이 절실하다. 그리고 유서깊은 중흥사터의 관리 문제
와 보존 상태가 좋은 훈련도감 유영터의 기단, 초석, 못(池)도
적절한 관리 방안이 강구되었으면 한다.

　셋째, 부왕동 암문 남측 약 50여 미터 구간에 축성 당시의 성
첩(城帖)이 원형 그대로 남아 있다. 성첩의 옛모습을 살필 수
있는 귀중한 현장임을 인식하여 보존 방안을 강구하고 성곽을
복원할 때 꼭 참고하였으면 한다.

　넷째, 무너진 성곽이나 붕괴가 우려되는 곳이 여러 군데이다.
복원도 중요하지만 보수에 더 주안점을 두었으면 한다. 복원은
왠지 낯설고 옛 것을 다시 잃은 것 같은 서운함을 준다. 수시로
점검하고 무너진 곳을 찾아 원래의 성을 그대로 보수하는 방법
만이 옛모습을 이어갈 수 있는 지름길이다.

다섯째, 경관이 가장 빼어난 산영루 일대의 옛모습을 찾아주었으면 한다. 초석이 잘 남아 있는 산영루는 복원하고 십여 개의 선정비(善政碑)도 기운 것은 바로 세우고 굴러다니는 옥개석과 훼손된 비석은 제자리를 찾아 주는 성의가 필요하다. 이상은 당면한 몇 가지 예에 불과하다.

북한산성을 잘 보존 관리하겠다는 의지를 앞에 두고 관계 당국의 계속적인 검토, 추진과 시민들의 애정과 질책이 늘 함께한다면 북한산성은 변치않고 우리 곁에서 애환을 같이하는 반려자가 되어 줄 것이다.

참고 문헌

聖　能　「北漢誌」1745.

權相老　「韓國寺刹全書」 동국대학교 출판부, 1979.

金侖禹　'河北慰禮城과 河南慰禮城 考' 「史學志」(제26집) 단국대 사학회, 1993.

세종대왕기념사업회　「朝鮮王朝實錄」(국역본) 세종대왕기념사업회, 1989.

今西龍　「大正 5年度 古蹟調査 報告」 조선총독부, 1917.

佐脇精　「北漢山」 경성 전기주식회사, 1937.

李崇寧　'Ⅱ. 山岳研究' 「산좋아 산을 타니」 박영사, 1978.

金龍國　'肅宗朝 北漢築城 考' 「향토서울」(제8호) 서울특별시사편찬위원회,
　　　　1960.

金永上　「서울명소고적」 서울특별시사편찬위원회, 1958.

洪鳳千　'倉庫와 氷庫' 「서울 六百年史」(제2권) 서울특별시사위원회, 1978.

孫永植　「한국 성곽의 연구」 문화재관리국, 1987.

「朝鮮古蹟圖譜」 조선총독부장판, 1931.

「備邊司謄錄」(제63책) 1711.

「高宗純宗實錄」 探求堂, 1979.

「高陽郡誌」 고양군지편찬위원회, 1987.

빛깔있는 책들 102-34

북한산성

글	—조면구
사진	—조면구
발행인	—장세우
발행처	—주식회사 대원사
편집	—김한주, 이혜승, 조은정
미술	—윤봉희
전산사식	—육세림, 이규헌
총무	—우복희, 정광진, 정만성
영업	—강성철, 박은식, 신미정, 조용균
이사	—이명훈
첫판 1쇄	—1994년 2월 14일 발행
첫판 4쇄	—2003년 11월 25일 발행

주식회사 대원사
우편번호/140-901
서울 용산구 후암동 358-17
전화번호/(02) 757-6717~9
팩시밀리/(02) 775-8043
등록번호/제 3-191호
http://www.daewonsa.co.kr

Daewonsa Publishing Co., Ltd.
Printed in Korea(1994)

ISBN 89-369-0152-4 00990

빛깔있는 책들

건강 식품(분류번호:202)

즐거운 생활(분류번호:203)

건강 생활(분류번호:204)

한국의 자연(분류번호:301)

미술 일반(분류번호:401)

역사(분류번호:501)